Y. #5698 (Reserve)

D. SANCHE D'ARRAGON,

COMEDIE HEROIQVE.

Imprimé à Roüen, & se vend
A PARIS,
Chez AVGVSTIN COVRBE', au Palais, en la petite
Salle des Merciers, à la Palme.

M. DC. L.
AVEC PRIVILEGE DV ROY.

A MONSIEVR
DE ZVYLICHEM,
CONSEILLER ET SECRETAIRE
DE MONSEIGNEVR
LE PRINCE D'ORANGE.

MONSIEVR,

Voicy vn Poëme d'vne espece nouuelle, & qui n'a point d'exemple chez les Anciens. Vous cognoissez l'humeur de nos François, ils ayment la nouueauté, & ie hazarde *non tam meliora, quam noua,* sur l'esperance de les mieux diuertir.

EPISTRE.

C'estoit l'humeur des Grecs dés le temps d'Æschyle, *apud quos*

> *Illecebris erat, & grata nouitate morandus*
> *Spectator.*

Et si ie ne me trompe, c'estoit aussi celle des Romains,

> *Vel qui Pretextas, vel qui docuere Togatas,*
> *Nec minimum meruere decus, vestigia Græca*
> *Ausi deserere.*

Ainsi i'ay du moins des exemples d'auoir entrepris vne chose qui n'en a point. Ie vous aduoüeray toutefois, qu'apres l'auoir faite, ie me suis trouué fort embarassé à luy choisir vn nom. Ie n'ay iamais pû me resoudre à ce-luy de Tragedie, n'y voyant que les person-nages qui en fussent dignes. Cela eust suffi au bon-homme Plaute, qui n'y cherchoit point d'autre finesse: parce qu'il y a des Dieux & des Rois dans son Amphitruon, il veut que c'en soit vne ; & parce qu'il y a des va-lets qui bouffonnent, il veut que ce soit aussi vne Comedie, & luy donne l'vn & l'autre nom, par vn composé qu'il forme exprés, de

EPISTRE.

peur de ne luy donner pas tout ce qu'il croit luy appartenir. Mais c'est trop déferer aux personnages, & considerer trop peu l'action. Aristote en vse autrement dans la définition qu'il fait de la Tragedie, où il décrit les qualitez que doit auoir celle-cy, & les effets qu'elle doit produire, sans parler aucunement de ceux-là : & j'ose m'imaginer que ceux qui ont restraint cette sorte de Poëme aux personnes illustres, n'en ont decidé que sur l'opinion qu'ils ont euë, qu'il n'y auoit que la fortune des Roys & des Princes, qui fust capable d'vne action telle que ce grand maistre de l'Art nous prescrit. Cependant quand il examine luy-mesme les qualitez necessaires au Heros de la Tragedie, il ne touche point du tout à sa naissance, & ne s'attache qu'aux incidents de sa vie & à ses mœurs. Il demande vn homme qui ne soit ny tout méchant, ny tout bon; il le demande persecuté par quelqu'vn de ses plus proches; il demande qu'il tombe en danger de mourir par vne main obligée à le conseruer : & ie ne voy

EPISTRE.

point pourquoy cela ne puisse arriuer qu'à vn Prince, & que dans vn moindre rang on soit à couuert de ces malheurs. L'histoire dédaigne de les marquer, à moins qu'ils ayent accablé quelqu'vne de ces grandes testes, & c'est sans doute pourquoy iusqu'à present la Tragedie s'y est arrestée. Elle a besoin de son appuy pour les euenemens qu'elle traite, & comme ils n'ont de l'esclat que parce qu'ils sont hors de la vray-semblance ordinaire, ils ne seroient pas croyables sans son authorité, qui agit auec empire, & semble commander de croire ce qu'elle veut persuader. Mais ie ne comprens point ce qui luy defend de descendre plus bas, quand il s'y rencontre des actions qui meritent qu'elle prenne soin de les imiter, & ie ne puis croire que l'Hospitalité violée en la personne des filles de Scedase, qui n'estoit qu'vn païsan de Leuctres, soit moins digne d'elle, que l'assassinat d'Agamemnon par sa femme, ou la vengeance de cette mort par Oreste sur sa propre mere. Quitte pour chausser le Cothurne vn

EPISTRE.
peu plus bas.
Et Tragicus plerumquam dolet sermone pedestri.
Ie diray plus, MONSIEVR, la Tragedie doit exciter de la pitié & de la crainte, & cela est de ses parties essentielles, puisqu'il entre dans sa définition. Or s'il est vray que ce dernier sentiment ne s'excite en nous par sa representation, que quand nous voyons souffrir nos semblables, & que leurs infortunes nous en font apprehender de pareilles: n'est-il pas vray aussi qu'il y pourroit estre excité plus fortement, par la veuë des malheurs arriuez aux personnes de nostre conditiō, à qui nous ressemblons tout-à-fait, que par l'image de ceux qui font trébucher de leurs Trônes les plus grands Monarques, auec qui nous n'auons aucun rapport, qu'entant que nous sommes susceptibles des passions qui les ont jettez dans ce précipice, ce qui ne se rencontre pas tousiours? Que si vous trouuez quelque apparence en ce raisonnement, & ne desapprouuez pas qu'on puisse faire vne Tragedie entre des personnes mediocres, quand

EPISTRE.

leurs infortunes ne sont pas au dessous de sa dignité : permettez-moy de conclurre *a simili*, que nous pouuons faire vne Comedie entre des personnes illustres, quand nous nous en proposons quelque auanture, qui ne s'esleue point au dessus de sa portée. Et certes, apres auoir leu dans Aristote que la Tragedie est vne imitation des actions & non pas des hommes, ie pense auoir quelque droit de dire la mesme chose de la Comedie, & de prendre pour Maxime, que c'est par la seule consideration des actions, sans aucun égard aux personnages, qu'on doit déterminer de quelle espece est vn Poëme Dramatique. Voilà, MONSIEVR, bien du discours, dont il n'estoit pas besoin pour vous attirer à mon party, & gaigner vostre suffrage en faueur du tiltre que i'ay donné à D. Sanche. Vous sçauez mieux que moy tout ce que ie vous dis, mais comme i'en fais confidence au Public, i'ay creu que vous ne vous offenceriez pas, que ie vous fisse souuenir des choses dont ie luy dois quelque lumiere. Ie continuëray

EPISTRE.

nuëray donc, s'il vous plaift, & luy diray que D. Sanche eft vne veritable Comedie, quoy que tous les Acteurs y foient, ou Roys, ou Grands d'Efpagne, puifque on n'y voit naiftre aucun peril, par qui nous puiffions eftre portez à la pitié, ou à la crainte. Noftre auenturier Carlos n'y court aucune rifque. Deux de fes riuaux font trop jaloux de leur rang pour fe cōmettre auec luy, & trop genereux pour luy dreffer quelque fupercherie. Le mépris qu'ils en font fur l'incertitude de fon origine ne deftruit point en eux l'eftime de fa valeur, & fe change en refpect, fi-toft qu'ils le peuuent foupçonner d'eftre ce qu'il eft veritablement, quoy qu'il ne le fçache pas. Le troifiéme lie la partie auec luy, mais elle eft incontinent rompuë par la Reyne, & quand mefme elle s'acheueroit par la perte de fa vie, la mort d'vn ennemy par vn ennemy n'a rien de pitoyable, ny de terrible, & par confequent rien de Tragique. Il a de grands déplaifirs, & qui femblent vouloir quelque pitié de nous, lors qu'il dit luy-mefme à vne

ē

EPISTRE.

de ses Maistresses,

Ie plaindrois vn amant qui souffriroit mes peines; mais nous ne voyons autre chose dans les Comedies, que des amants qui vont mourir, s'ils ne possedent ce qu'ils aymēt, & de semblables douleurs ne préparant aucun effet Tragique, on ne peut dire qu'elles aillent au dessus de la Comedie. Il tombe dans l'vnique malheur qu'il apprehende, il est découuert pour fils d'vn Pescheur: mais en cet estat mesme il n'a garde de nous demander nostre pitié, puisqu'il s'offence de celle de ses riuaux. Ce n'est point vn Heros à la mode d'Euripide, qui les habilloit de lambeaux pour mendier les larmes des spectateurs: celuy-cy soustient sa disgrace auec tant de fermeté, qu'il nous imprime plus d'admiration de son grand courage, que de compassion de son infortune. Nous la craignons pour luy auant qu'elle arriue, mais cette crainte n'a sa source que dans l'interest que nous prenons d'ordinaire à ce qui touche le premier Acteur, & se peut ranger *inter communia vtriusque Dramatis* aussi-bien que la récognoissance qui fait le Dénoüement de cette

EPISTRE.

Piece. La crainte Tragique ne deuance pas le malheur du Heros, elle le suit; elle n'est pas pour luy, elle est pour nous, & se produisant par vne prompte application que la veuë de ses malheurs nous fait faire sur nous-mémes, elle purge en nous les passions que nous en voyons estre la cause. Enfin ie ne voy rien en ce Poëme qui puisse meriter le nom de Tragedie, si nous ne voulons nous contenter de la définition qu'en donne Auerroes, qui l'appelle simplement *Vn Art de Loüer*. En ce cas nous ne luy pourrons dénier ce tiltre sans nous aueugler volontairement, & ne vouloir pas voir que toutes ses parties ne sont qu'vne peinture des puissantes impressions, que les rares qualitez d'vn honneste homme font sur toute sorte d'esprits, qui est vne façõ de loüer assez ingenieuse, & hors du commun des Panegiriques. Mais j'aurois mauuaise grace de me préualoir d'vn Autheur Arabe, que ie ne cognois que sur la foy d'vne traduction Latine, & puisque sa Paraphrase abrege le texte d'Aristote en cet article, au lieu de l'estendre, ie feray mieux d'en croire ce dernier, qui ne

EPISTRE.

permet point à cet Ouurage de prendre vn nom plus releué, que celuy de Comedie. Ce n'est pas que ie n'aye hesité quelque temps sur ce que ie n'y voyois rien qui pûst émouuoir à rire. Cet agrément a esté iusqu'icy tellement de la pratique de la Comedie, que beaucoup ont creu qu'il estoit aussi de son essence, & ie serois encor dans ce scrupule, si ie n'en auois esté guery par vostre Mr Heinsius, de qui ie viens d'apprendre heureusement, que *Mouere risum non constituit Comediam, sed plebis aucupium est, & abusus*. Apres l'authorité d'vn si grand homme ie serois coupable de chercher d'autres raisons, & de craindre d'estre mal fondé à soustenir que la Comedie se peut passer du ridicule. I'adjouste à celle-cy l'Epithete de Heroïque, pour satisfaire aucunemét à la dignité de ses Personnages, qui pourroit sembler profanée par la bassesse d'vn tiltre, que iamais on n'a appliqué si haut. Mais apres tout, MONSIEVR, ce n'est qu'vn *Interim*, iusqu'à ce que vous m'ayez appris comme i'ay dû l'intituler. Ie ne vous l'adresse que pour vous l'abandonner entieremét; & si vos Elzeuiers se saisissent

EPISTRE.

de ce Poëme, comme ils ont fait de quelques-vns des miens qui l'ont précedé, ils peuuent le faire voir à vos Prouinces, fous le tiltre que vous luy iugerez plus conuenable, & nous executerons icy l'Arreſt que vous en aurez donné. J'attens de vous cette inſtruction auec impatience, pour m'affermir dans mes premieres penſées, ou les rejetter cõme de mauuaiſes tentations. Elles flotteront iuſques-là, & ſi vous ne me pouuez accorder la gloire d'auoir aſſez appuyé vne nouueauté, vous me laiſſerez du moins celle d'auoir paſſablement defendu vn Paradoxe. Mais quand meſmes vous m'oſterez toutes les deux, ie m'en conſoleray fort aiſément, parce que ie ſuis tres-aſſeuré que vous ne m'en ſçauriez oſter vne qui m'eſt beaucoup plus précieuſe. C'eſt celle d'eſtre toute ma vie,

MONSIEVR,

Voſtre tres-humble, & tres-obeïſſant
ſeruiteur, CORNEILLE.

ARGVMENT.

DON Fernand Roy d'Arragon chassé de ses Estats par la reuolte de D. Garcie d'Ayala, Comte de Fuensalida, n'auoit plus sous son obeissance que la ville de Cataliaud, & le territoire des enuirons, lors que la Reyne D. Leonor sa femme accoucha d'vn fils qui fut nommé D. Sanche. Ce déplorable Prince craignant qu'il ne demeurast exposé aux fureurs de ce rebelle, le fit aussi-tost enleuer par D. Raymond de Moncade son confident, afin de le faire nourrir secrettement. Ce Caualier trouuant dans le village de Bubierça la femme d'vn Pescheur nouuellement accouchée d'vn enfant mort, luy donne celuy-cy à nourrir, sans luy dire qui il estoit, mais seulement qu'vn iour le Roy & la Reyne d'Arragon le feroient Grand, lors qu'elle leur seroit presenter par luy vn petit escrin qu'en mesme temps il luy donna. Le mary de cette pauure femme estoit pour lors à la guerre, si bien que reuenant au bout d'vn an, il prit aysément cet enfant pour sien, & l'esleua comme s'il en eust esté le pere. La Reyne ne peut iamais sçauoir du Roy où il auoit fait porter son fils, & tout ce qu'elle en tira apres beaucoup de prieres, ce fut qu'elle le recognoistroit vn iour quand on luy presenteroit cet escrin, où il auroit mis leurs deux portraits auec vn billet de sa main, & quelques autres pieces de remarque: mais voyät qu'elle continuoit toujours à en vouloir sçauoir dauantage, il arresta sa curiosité tout d'vn coup, & luy dit qu'il estoit mort. Il soustint apres cela cette malheureuse guerre encor trois ou quatre ans, ayät toujours quelque nouueau desauätage, & mourut enfin de déplaisir & de fatigue, laissant ses affaires desesperées, & la Reyne grosse, à qui il conseilla d'abandonner entierement l'Arragon, & se refugier en Castille. Elle executa ses ordres, & y accoucha d'vne fille nommée D. Eluire, qu'elle y esleua iusques à l'aage de vingt ans. Cependant le ieune Prince D. Sanche qui se croyoit fils d'vn Pescheur, dés qu'il en eut atteint seize, se dérobe de ses parents, & se jette dans les armées du Roy de Castille, qui auoit de grandes guerres contre les Mores, & de peur d'estre cognu pour ce qu'il pensoit estre, il quitte le nom de Sanche qu'on luy auoit laissé, & prend celuy de Carlos. Sous ce faux nom il fait tant de merueilles, qu'il entre en grande consideration auprés du Roy D. Alfonse, à qui il sau-

ARGVMENT.

ue la vie en vn iour de bataille : mais comme ce Monarque estoit prest de le recompenser, il est surpris de la mort, & ne luy laisse autre chose que les fauorables regards de la Reyne D. Isabelle sa sœur & son heritiere ; & de la ieune Princesse d'Arragon D. Elvire, que l'admiration de ses belles actions auoit portées toutes deux iusques à l'aymer, mais d'vn amour estouffé par le souuenir de ce qu'elles deuoient à la dignité de leur naissance. Luy-mesme auoit conceu aussi de la passion pour toutes deux, sans oser prétendre à pas vne, se croyant si fort indigne d'elles. Cependant tous les Grands de Castille ne voyant point de Roys voisins qui peussent esponser leur Reyne, pretendent à l'enuy l'vn de l'autre à son mariage, & estants prests de former vne guerre ciuile pour ce sujet, les Estats du Royaume la supplient de choisir vn mary pour euiter les malheurs qu'ils en preuoyoient deuoir naistre. Elle s'en excuse, comme ne cognoissant pas assez particulierement le merite de ses prétendants, & leur commande choisir eux-mesmes les trois qu'ils en iugent les plus dignes, les asseurant que s'il se rencontre quelqu'vn entre ces trois pour qui elle puisse prendre quelque inclination, elle l'espousera. Ils obeissent, & luy nomment D. Manrique de Lare, D. Lope de Guzman, & D. Alvar de Lune, qui bien que passionné pour la Princesse D. Elvire, eust creu faire vne lascheté, & offensé sa Reyne, s'il eust reietté l'honneur qu'il receuoit de son païs par cette nominatiõ. D'autre costé les Arragonnois ennuyez de la tyrannie de D. Garcie & de D. Ramire son fils, les chassent de Sarragosse, & les ayant assiegez dans la forteresse de Iaca, enuoyent des Deputez à leurs Princesses refugiées en Castille, pour les prier de reuenir prendre possession d'vn Royaume qui leur appartenoit. Depuis leur depart ces deux Tyrans ayant esté tuez en la prise de Iaca, D. Raymond qu'ils y tenoient prisonnier depuis six ans, apprend à ces peuples que D. Sanche leur Prince estoit viuant, & part aussi-tost pour le chercher à Bubierça, où il apprend que le Pescheur qui le croyoit son fils, l'auoit perdu depuis huict ans, & l'estoit allé chercher en Castille sur quelques nouuelles qu'il en auoit cuës par vn soldat qui auoit seruy sous luy contre les Maures : il pousse aussi-tost de ce costé-là, & joint les Deputez comme ils estoient prests d'arriuer. C'est par son arriuée que l'Auenturier Carlos est recognu pour le Prince D. Sanche ; apres quoy la Reyne D. Isabelle se donne à luy du consentement mesmes des trois que ses Estats luy auoient nommez, & D. Alvar en obtient la Princesse D. Elvire, qui par cette recognoissance se trouue estre sa sœur.

ACTEVRS

D. ISABELLE Reyne de Castille.

D. LEONOR Reyne d'Arragon.

D. ELVIRE Princesse d'Arragon.

BLANCHE Dame d'honneur de la Reyne de Castille.

CARLOS Caualier incognu, qui se trouue estre D. Sanche Roy d'Arragon.

D. RAYMOND DE MONCADE fauory du deffunt Roy d'Arragon.

D. LOPE DE GVSMAN
D. MANRIQVE DE LARE } Grands de Castille.
D. ALVAR DE LVNE

La Scene est à Valladolid.

D. SANCHE
D'ARRAGON,
COMEDIE HEROIQUE.

ACTE PREMIER.

SCENE PREMIERE.
D. LEONOR, D. ELVIRE.

D. LEONOR.

Près tant de malheurs enfin le Ciel propice
S'est resolu, ma fille, à nous faire iustice,
Nostre Arragon pour nous presque tout
　　　reuolté
Enleue à nos Tyrans ce qu'ils nous ont osté,

A

Brise les fers honteux de leurs injustes chaines,
Se remet sous nos loix & recognoit ses Reynes,
Et par ses Deputez qu'aujourd'huy l'on attend
Rend d'vn si long exil le retour éclatant.
Comme nous, la Castille attend cette journée
Qui luy doit de sa Reyne asseurer l'Hymenée,
Nous l'allons voir icy faire choix d'vn epoux;
Que ne puis-ie, ma fille, en dire autant de vous?
Nous allons en des lieux sur qui vingt ans d'absence
Nous laissent vne foible & douteuse puissance,
Le trouble regne encor où vous deuez regner:
Le peuple vous rappelle & peut vous dédaigner,
Si vous ne luy portez au retour de Castille
Que l'aduis d'vne mere & le nom d'vne fille.
D'vn mary valeureux les ordres & le bras
Sçauroient bien mieux que nous asseurer vos Estats,
Et par des actions nobles, grandes & belles,
Dissiper les mutins & dompter les rebelles.
Et vous ne manquez pas d'amants dignes de vous:
On ayme vostre sceptre, on vous ayme, & sur tous
Du Comte D. Alvar la vertu non commune
Vous ayma dans l'exil & durant l'infortune.
Qui vous ayma sans sceptre & se fit vostre appuy,
Quand vous le recouurez, est bien digne de luy.

D'ARRAGON.

D. ELVIRE.

Ce Comte est genereux, & me l'a fait paroistre,
Aussi le Ciel pour moy l'a voulu recognoistre,
Puisque les Castillans l'ont mis entre les trois
Dont à leur grande Reyne ils demandent le choix ;
Et comme ses riuaux luy cedent en merite,
Vn espoir à present plus doux le sollicite,
Il regnera sans nous ; mais Madame, apres tout,
Sçauez-vous à quel choix l'Arragon se resout,
Et quels troubles nouueaux i'y puis faire renaistre
S'il voit que ie luy méne vn estranger pour maistre ?
Montons de grace au Trône, & de là beaucoup
　　mieux
Sur le choix d'vn espoux nous baisserons les yeux.

D. LEONOR.

Vous les abaissez trop, vne secrette flame
A desia malgré-moy fait ce choix dans vostre ame,
De l'incognu Carlos l'éclatante valeur
Aux merites du Comte a fermé vostre cœur.
Tout est illustre en luy, moy-mesme ie l'aduouë,
Mais son sang que le Ciel n'a formé que de bouë,
Et dont il cache exprés la source obstinément....

D. SANCHE
D. ELVIRE.

Vous pourriez en iuger plus fauorablement,
Sa naissance incognuë est peut-estre sans tache,
Vous la présumez basse à cause qu'il la cache,
Mais combien a-t'on veu de Princes déguisez,
Signaler leur vertu sous des noms supposez,
Dompter des Nations, gaigner des Diadémes,
Sans qu'aucun les cognûst, sans se cognoistre eux-mémes?

D. LEONOR.

Quoy, voylà donc enfin dequoy vous vous flattez?

D. ELVIRE.

J'ayme & prise en Carlos ses rares qualitez.
Il n'est point d'ame noble à qui tant de vaillance
N'arrache cette estime & cette bien-veillance,
Et l'innocent tribut de ces affections
Que doit toute la Terre aux belles actions,
N'a rien qui deshonore vne ieune Princesse.
En cette qualité ie l'ayme & le caresse,
En cette qualité ses deuoirs assidus
Me rendent les respects à ma naissance deus,
Il fait sa Cour chez moy comme vn autre peut faire:
Il a trop de vertus pour estre temeraire,

D'ARRAGON.

Et ſi iamais ſes vœux s'échapoient iuſqu'à moy,
Ie ſçay ce que ie ſuis & ce que ie me doy.

D. LEONOR.

Daigne le iuſte Ciel vous donner le courage
De vous en ſouuenir & le mettre en vſage.

D. ELVIRE.

Vos ordres ſur mon cœur ſçauront touſiours regner.

D. LEONOR.

Cependant ce Carlos vous doit accompagner?
Doit venir iuſqu'aux lieux de voſtre obeïſſance
Vous rendre ces reſpects deus à voſtre naiſſance,
Vous faire comme icy ſa Cour tout ſimplement?

D. ELVIRE.

De ſes pareils la guerre eſt l'vnique element;
Accouſtumez d'aller de victoire en victoire
Ils cherchent en tous lieux les dangers & la gloire.
La priſe de Seville & les Mores défaits
Laiſſent à la Caſtille vne profonde paix;
S'y voyant ſans employ ſa grande ame inquiete
Veut bien de D. Garcie acheuer la défaite,

D. SANCHE

Et contre les efforts d'vn reste de mutins
De toute sa valeur haster nos bons destins.

D. LEONOR.

Mais quand il vous aura dans le Trône affermie,
Et jetté sous vos pieds la puissance ennemie,
S'en ira-t'il soudain aux climats estrangers
Chercher tout de nouueau la gloire & les dangers?

D. ELVIRE.

Madame, la Reyne entre.

SCENE II.

D. ISABELLE, D. LEONOR, D. ELVIRE, BLANCHE.

D. LEONOR.

Avjourd'huy donc, Madame,
Vous allez d'vn Heros rendre heureuse la flame,
Et d'vn mot satisfaire aux plus ardents souhaits
Que poussent vers le Ciel vos fidelles Sujets?

D. ISABELLE.

Dites, dites pluſtoſt qu'aujourd'huy, grandes Reynes,
Ie m'impoſe à vos yeux la plus dure des geſnes,
Et fais deſſus moy-meſme vn illuſtre attentat
Pour me ſacrifier au repos de l'Eſtat.
Que c'eſt vn ſort fâcheux & triſte que le noſtre
De ne pouuoir regner que ſous les loix d'vn autre!
Et qu'vn ſceptre ſoit creu d'vn ſi grād poids pour nous,
Que pour le ſouſtenir il nous faille vn eſpoux!
  A peine ay-ie deux mois porté le Diadéme,
Que de tous les coſtez j'entens dire qu'on m'ayme,
Si toutefois ſans crime & ſans m'en indigner
Je puis nommer amour vne ardeur de regner.
L'ambition des Grands à cet eſpoir ouuerte
Semble pour m'acquerir s'apreſter à ma perte;
Et pour trancher le cours de leurs diſſentions
Il faut fermer la porte à leurs prétentions,
Il m'en faut choiſir vn, eux-mémes m'en conuient,
Mon Peuple m'en conjure, & mes Eſtats m'en prient,
Et meſme par mon ordre ils m'en propoſent trois
Dont mon cœur à leur gré peut faire vn digne choix.
D. Lope de Guzman, D. Manrique de Lare,
Et D. Alvar de Lune ont vn merite rare,

Mais que me sert ce choix qu'on fait en leur faueur
Si pas vn d'eux enfin n'a celuy de mon cœur?

D. LEONOR.

On vous les a nommez, mais sans vous les prescrire,
On vous obeïra quoy qu'il vous plaise eslire,
Si le cœur a choisi, vous pouuez faire vn Roy.

D. ISABELLE.

Madame, ie suis Reyne, & dois regner sur moy.
Le rang que nous tenons jaloux de nostre gloire
Souuent dans vn tel choix nous défend de nous croire,
Iette sur nos desirs vn joug imperieux,
Et dédaigne l'aduis & du cœur & des yeux.
Qu'on ouure. Iuste Ciel, voy ma peine, & m'inspire
Et ce que ie dois faire & ce que ie dois dire.

SCENE

SCENE III.

D. ISABELLE, D. LEONOR,
D. ELVIRE, BLANCHE,
D. LOPE, D. MANRIQVE,
D. ALVAR, CARLOS.

D. ISABELLE.

Avant que de choisir ie demande vn serment,
Comtes, qu'on agréera mon choix aueuglement,
Que les deux méprisez, & tous les trois peut-estre,
De ma main, quel qu'il soit, accepteront vn maistre:
Car enfin ie suis libre à disposer de moy,
Le choix de mes Estats ne m'est point vne loy,
D'vne troupe importune il m'a débarassée,
Et d'eux tous sur vous trois destourné ma pensée;
Mais sans necessité de l'arrester sur vous.
I'ayme à sçauoir par là qu'on vous préfere à tous,
Vous m'en estes plus chers & plus considerables,
I'y voy de vos vertus les preuues honorables,

B

D. SANCHE

J'y voy la haute estime où sont vos grands exploits;
Mais quoy que mon dessein soit d'y borner mon choix,
Le Ciel en vn moment quelquefois nous éclaire,
Ie veux en le faisant pouuoir ne le pas faire,
Et que vous aduoüiez que pour deuenir Roy
Quiconque me plaira n'a besoin que de moy.

D. LOPE.

C'est vne authorité qui vous demeure entiere,
Vostre Estat auec vous n'agit que par priere,
Et ne vous a pour nous fait voir ses sentiments
Que par obeïssance à vos commandements.
Ce n'est point ny son choix, ny l'éclat de ma race,
Qui me font, grande Reyne, esperer cette grace,
Ie l'attens de vous seule & de vostre bonté
Comme on attend vn bien qu'on n'a pas merité,
Et dont sans regarder seruices ny famille
Vous pouuez faire part au moindre de Castille.
C'est à nous d'obeïr & non d'en murmurer;
Mais vous nous permettrez toutefois d'esperer,
Que vous ne ferez choir cette faueur insigne,
Ce bon-heur d'estre à vous, que sur le moins indigne,
Et que vostre vertu vous fera trop sçauoir
Qu'il n'est pas bon d'vser de tout vostre pouuoir.
Voylà mon sentiment.

D'ARRAGON.

D. ISABELLE.

Parlez, vous, D. Manrique.

D. MANRIQVE.

Puisque vous m'ordonnez, Reyne, que ie m'explique,
Quoy que vostre discours nous ait fait des leçons
Capables d'ouurir l'ame à de iustes soupçons,
Ie vous diray pourtant, comme à ma souueraine,
Que pour faire vn vray Roy vous le faciez en Reyne,
Que vous laisser borner c'est vous-mesme affoiblir
La dignité du rang qui le doit ennoblir,
Et qu'à prendre pour loy le choix qu'on vous propose
Le Roy que vous feriez vous, deuroit peu de chose,
Puisqu'il tiendroit les noms de Monarque & d'espoux
Du choix de vos Estats aussi-bien que de vous.
Pour moy qui vous aimay sans sceptre & säs Couronne,
Qui n'ay iamais eu d'yeux que pour vostre personne,
Que mesme le feu Roy daigna considerer
Iusqu'à souffrir ma flame & me faire esperer,
I'oseray me promettre vn sort assez propice
De cet adueu d'vn frere & quatre ans de seruice,
Et sur ce doux espoir deussay-ie me trahir,
Puisque vous le voulez, ie iure d'obeïr.

B ij

D. ISABELLE.

C'est comme il faut m'aymer. Et D. Alvar de Lune ?

D. ALVAR.

Ie ne vous feray point de harangue importune.
Choisissez hors des trois, tranchez absolument,
Je iure d'obeïr, Madame, aueuglement.

D. ISABELLE.

Sous les profonds respects de cette déference
Vous nous cachez peut-estre vn peu d'indifference,
Et comme vostre cœur n'est pas sans autre amour,
Vous sçauez des deux parts faire bien vostre Cour.

D. ALVAR.

Madame....

D. ISABELLE.

C'est assez, que chacun prenne place.

Icy les trois Princesses prennent chacun vn fauteüil, & apres que les trois Comtes & le reste des Grands qui sont presents se sont assis sur des bancs préparez exprés, Carlos y voyant vne place vuide, s'y veut seoir, & D. Manrique l'en empesche.

D'ARRAGON.

D. MANRIQVE.

Tout-beau, tout-beau, Carlos, d'où vous vient cette
Et quel tiltre en ce rang a sçeu vous establir? (audace,

CARLOS.

I'ay veu la place vuide, & creu la bien remplir.

D. MANRIQVE.

Vn soldat bien remplir vne place de Comte!

CARLOS.

Seigneur, ce que ie suis ne me fait point de honte,
Depuis plus de six ans il ne s'est fait combat
Qui ne m'ait bien acquis ce grand nom de Soldat.
I'en auois pour témoin le feu Roy vostre frere,
Madame, & par trois fois....

D. MANRIQVE.

     Nous vous auons veu faire,
Et sçauons mieux que vous ce que peut vostre bras.

D. ISABELLE.

Vous en estes instruits & ie ne la suis pas,

Laissez-le me l'apprendre, il importe aux Monarques
Qui veulent aux vertus rendre de dignes marques,
De les sçauoir cognoistre, & ne pas ignorer
Ceux d'entre leurs Sujets qu'ils doiuent honorer.

D. MANRIQVE.

Ie ne me croyois pas estre icy pour l'entendre.

D. ISABELLE.

Comte, encore vne fois laissez-le me l'apprendre,
Nous aurons temps pour tout, & vous, parlez, Carlos.

CARLOS.

Ie diray qui ie suis, Madame, en peu de mots.
On m'appelle Soldat, ie fay gloire de l'estre,
Au feu Roy par trois fois ie le fis bien paroistre.
L'estendart de Castille à ses yeux enleué
Des mains des ennemys par moy seul fut sauué,
Cette seule action restablit la bataille,
Fit rechasser le Maure au pied de sa muraille,
Et rendant le courage aux plus timides cœurs
Rappella les vaincus & défit les vainqueurs.
Ce mesme Roy me vit dedans l'Andalousie
Dégager sa personne en prodiguant ma vie,

D'ARRAGON.

Quand tout percé de coups sur vn monceau de morts,
Ie luy fis si long-temps bouclier de mon corps,
Qu'enfin autour de luy ses troupes ralliées,
Celles qui l'enfermoient furent sacrifiées,
Et le mesme escadron qui le vint secourir
Le ramena vainqueur & moy prest à mourir.
Ie montay le premier sur les murs de Seville,
Et tins la bréche ouuerte aux troupes de Castille.
Ie ne vous parle point d'assez d'autres exploits,
Qui n'ont pas pour témoins eu les yeux de mes Roys;
Tel me voit & m'entend & me méprise encore,
Qui gemiroit sans moy dans les prisons du Maure.

D. MANRIQVE.

Nous parlez-vous, Carlos, pour D. Lope & pour moy?

CARLOS.

Ie parle seulement de ce qu'a veu le Roy,
Seigneur, & qui voudra parle à sa conscience.
Voylà dont le feu Roy me promit recompense,
Mais la mort le surprit comme il la resoluoit.

D. ISABELLE.

Il se fust acquité de ce qu'il vous deuoit,

Et moy comme heritant son sceptre & sa couronne,
Je prens sur moy sa debte & ie vous la fais bonne.
Seyez-vous, & quittons ces petits differents.

D. LOPE.

Souffrez qu'auparauant il nomme ses parents.
Nous ne contestons point l'honneur de sa vaillance,
Madame, & s'il en faut nostre recognoissance,
Nous aduoüerons tous deux qu'en ces combats derniers
L'vn & l'autre sans luy nous estions prisonniers,
Mais enfin la valeur sans l'éclat de la race
N'eut iamais aucun droit d'occuper cette place.

CARLOS.

Se pare qui voudra des noms de ses ayeux,
Moy, ie ne veux porter que moy-mesme en tous lieux,
Ie ne veux rien deuoir à ceux qui m'ont fait naistre,
Et suis assez cognu sans les faire cognoistre.
Mais pour en quelque sorte obeïr à vos loix,
Seigneur, pour mes parents ie nomme mes exploits,
Ma valeur est ma race, & mon bras est mon pere.

D. LOPE.

Vous le voyez, Madame, & la preuue en est claire,
Sans doute il n'est pas noble.

D. ISA-

D. ISABELLE.

Et bien, ie l'ennoblis,
Quelle que soit sa race, & de qui qu'il soit fils.
Qu'on ne conteste plus.

D. MANRIQVE.

Encor vn mot, de grace.

D. ISABELLE.

D. Manrique, à la fin c'est prendre trop d'audace,
Ne puis-ie l'ennoblir si vous n'y consentez ?

D. MANRIQVE.

Oüy, mais ce rang n'est deu qu'aux hautes dignitez,
Tout autre qu'vn Marquis ou Comte le profane.

D. ISABELLE à Carlos.

Et bien, seyez-vous donc, Marquis de Santillane,
Comte de Pennafiel, Gouuerneur de Burgos.
D. Manrique, est-ce assez pour faire seoir Carlos ?
Vous reste-t'il encor quelque scrupule en l'ame ?

D. Manrique & D. Lope se leuent, & Carlos se sied.

C

D. MANRIQVE.

Acheuez, acheuez, faites-le Roy, Madame,
Par ces marques d'honneur l'esleuer iusqu'à nous
C'est moins nous l'égaler que l'approcher de vous.
Ce préambule adroit n'estoit pas sans mystere,
Et ces nouueaux serments qu'il nous a fallu faire
Monstroient bien dans vostre ame vn tel choix préparé.
Enfin vous le pouuez, & nous l'auons juré,
Ie suis prest d'obeïr, & loin d'y contredire
Je laisse entre ses mains & vous & vostre Empire,
Ie sors auant ce choix, non que i'en sois ialoux,
Mais de peur que mon front n'en rougisse pour vous.

D. ISABELLE.

Arrestez, insolent, vostre Reyne pardonne
Ce qu'vne indigne crainte imprudemment soupçonne,
Et pour la démentir veut bien vous asseurer
Qu'au choix de ses Estats elle veut demeurer,
Que vous tenez encor mesme rang dans son ame,
Qu'elle prend vos transports pour vn excez de flame,
Et qu'au lieu d'en punir le zele injurieux,
Sur vn crime d'amour elle ferme les yeux.

D. MANRIQVE.

Madame, excusez donc si quelque Antipathie...

D'ARRAGON.

D. ISABELLE.

Ne faites point icy de fausse modestie,
I'ay trop veu vostre orgueil pour le iustifier,
Et sçay bien les moyens de vous humilier.
Soit que i'ayme Carlos, soit que par simple estime
Ie rende à ses vertus vn honneur legitime,
Vous deuez respecter, quels que soient mes desseins,
Ou le choix de mon cœur, ou l'œuure de mes mains.
Ie l'ay fait vostre égal, & quoy qu'on s'en mutine,
Sçachez qu'à plus encor ma faueur le destine.
Ie veux qu'aujourd'huy méme il puisse plus que moy,
I'en ay fait vn Marquis, ie veux qu'il fasse vn Roy.
S'il a tant de valeur que vous-mesmes le dites,
Il sçait quelle est la vostre, & cognoist vos merites,
Et iugera de vous auec plus de raison
Que moy qui n'en cognois que la race & le nom.
Marquis, prenez ma bague, & la donnez pour marque
Au plus digne des trois que i'en face vn Monarque,
Ie vous laisse y penser tout ce reste du iour.
Riuaux ambitieux faites-luy vostre Cour,
Qui me raportera l'anneau que ie luy donne
Receura sur le champ ma main & la Couronne.
Allons, Reynes, allons, & laissons-les iuger
De quel costé l'amour auoit sçeu m'engager.

SCENE IV.

D. MANRIQVE, D. LOPE, D. ALVAR, CARLOS.

D. LOPE.

ET bien, seigneur Marquis, qu'est-il besoin qu'on face
Pour auoir quelque part en vostre bonne grace?
Vous estes nostre iuge, il faut vous adoucir.

CARLOS.

Vous y pourriez peut-estre assez mal reüssir,
Quittez ces contretemps de froide raillerie.

D. MANRIQVE.

Il n'en est pas saison quand il faut qu'on vous prie.

CARLOS.

Ne raillons, ny prions, & demeurons amis;
Ie sçay ce que la Reyne en mes mains a remis;

D'ARRAGON.

J'en vseray fort bien, vous n'auez rien à craindre,
Et pas-vn de vous trois n'aura lieu de se plaindre.
Ie n'entreprendray point de iuger entre vous
Qui merite le mieux le nom de son espoux,
Ie serois temeraire & m'en sens incapable,
Et peut-estre quelqu'vn m'en tiendroit recusable.
Ie m'en recuse donc, afin de vous donner
Vn iuge que sans honte on ne peut soupçonner :
Ce sera vostre espée & vostre bras luy-mesme.
Comtes, de cet anneau dépend le Diadéme,
Il vaut bien vn combat, vous auez tous du cœur,
Et ie le garde....

D. LOPE.

A qui Carlos ?

CARLOS.

A mon vainqueur.
Qui pourra me l'oster l'ira rendre à la Reyne,
Ce sera du plus digne vne preuue certaine,
Prenez entre vous l'ordre & du temps & du lieu,
Ie m'y rendray sur l'heure, & vay l'attendre, Adieu.

SCENE V.
D. MANRIQVE, D. LOPE, D. ALVAR.

D. LOPE.

Voyez-vous l'arrogance ?

D. ALVAR.

Ainsi les grands courages
Sçauent en genereux repousser les outrages.

D. MANRIQVE.

Il se méprend pourtant s'il pense qu'aujourd'huy
Nous daignions mesurer nostre espée auec luy.

D. ALVAR.

Refuser vn combat.

D. LOPE.

Des Generaux d'armée
Ialoux de leur honneur & de leur renommée
Ne se commettent point contre vn aduenturier.

D'ARRAGON.
D. ALVAR.
Ne mettez point si bas vn si vaillant guerrier.
Qu'il soit ce qu'en voudra présumer vostre hayne,
Il doit estre pour nous ce qu'a voulu la Reyne.

D. LOPE.
La Reyne qui nous braue & sans égard au sang
Ose soüiller ainsi l'éclat de nostre rang?

D. ALVAR.
Les Roys de leurs faueurs ne sont iamais comptables,
Ils font comme il leur plaist & défont nos semblables.

D. MANRIQVE.
Enuers les Majestez vous estes bien discret,
Voyez-vous cependant qu'elle l'ayme en secret?

D. ALVAR.
Dites, si vous voulez, qu'ils sont d'intelligence,
Qu'elle a de sa valeur si haute confiance
Qu'elle espere par là faire approuuer son choix,
Et se rendre auec gloire au vainqueur de tous trois,
Qu'elle nous hait dans l'ame autant qu'elle l'adore,
C'est à nous d'honorer ce que la Reyne honore.

D. SANCHE

D. MANRIQVE.

Vous la respectez fort, mais y pretendez-vous ?
On dit que l'Arragon à des charmes si doux....

D. ALVAR.

Qu'ils me soient doux ou non, ie ne croy pas sans crime
Pouuoir de mon pays desaduoüer l'estime,
Et puisqu'il m'a iugé digne d'estre son Roy,
Ie soustiendray par tout l'estat qu'il fait de moy.
Ie vay donc disputer sans que rien me retarde
Au Marquis D. Carlos cet anneau qu'il nous garde,
Et si sur sa valeur ie le puis emporter
I'attendray de vous deux qui voudra me l'oster,
Le champ vous sera libre.

D. LOPE.

A la bonne heure, Comte,
Nous vous irons alors le disputer sans honte,
Nous ne dédaignons point vn si digne riual,
Mais pour vostre Marquis, qu'il cherche son égal.

FIN DV PREMIER ACTE.

ACTE

ACTE II.

SCENE PREMIERE.
D. ISABELLE, BLANCHE.

D. ISABELLE.

BLANCHE, as-tu rien cognu d'égal à
   ma misere ?
Tu vois tous mes desirs condamnez à se
   taire,
Mon cœur faire vn beau choix sans l'oser accepter,
Et nourrir vn beau feu sans l'oser écouter.
Voylà, voylà que c'est, Blanche, que d'estre Reyne,
Comptable de moy-mesme au nom de souueraine,
Et sujette à iamais du Trône où ie me voy,
Ie puis tout pour tout autre & ne puis rien pour moy.
O sceptres, s'il est vray que tout vous soit possible,
Pourquoy ne pouuez-vous rendre vn cœur insensible?

                       D

D. SANCHE

Pourquoy permettez-vous qu'il soit d'autres appas,
Ou que l'on ait des yeux pour ne les croire pas ?

BLANCHE.

Ie presumois tantost que vous les alliez croire,
I'en ay plus d'vne fois tremblé pour voſtre gloire,
Ce qu'à vos trois amants vous auez fait iurer
Au choix de D. Carlos ſembloit tout préparer,
Je le nommois pour vous, mais enfin par l'iſſuë
Ma crainte s'eſt trouuée heureuſement deceuë,
L'effort de voſtre amour a ſçeu ſe moderer,
Vous l'auez honoré ſans vous deshonorer,
Et ſatisfait enſemble, en trompant mon attente,
La grandeur d'vne Reyne & l'ardeur d'vne amante.

D. ISABELLE.

Dy que pour honorer ſa generoſité
Mon amour s'eſt joüé de mon authorité,
Et qu'il a fait ſeruir, en trompant ton attente,
Le pouuoir de la Reyne au couroux de l'amante.
    D'abord par ce diſcours qui t'a ſemblé ſuſpect
Ie voulois ſeulement eſſayer leur reſpect,
Souſtenir iuſqu'au bout la dignité de Reyne,
Et comme enfin ce choix me donnoit de la peine,

Perdre quelques moments, choisir vn peu plus tard ;
I'allois nommer pourtant & nommer au hazard,
Mais tu sçais quel orgueil ont lors monstré les Comtes,
Combien d'affrôts pour luy, combien pour moy de hontes.
Certes il est bien dur à qui se voit regner
De monstrer quelque estime & la voir dédaigner :
Sous ombre de vanger sa grandeur méprisée
L'amour à la faueur trouue vne pente aisée,
A l'interest du sceptre aussi-tost attaché
Il agit d'autant plus qu'il se croit bien caché,
Et s'ose imaginer qu'il ne fait rien paroistre
Que ce change de nom ne face mécognoistre.
J'ay fait Carlos Marquis, & Comte, & Gouuerneur,
Il doit à ses jaloux tous ces tiltres d'honneur,
M'en voulant faire auare, ils m'en faisoient prodigue,
Ce torrent grossissoit rencontrant cette digue,
C'estoit plus les punir que le fauoriser,
L'amour me parloit trop, j'ay voulu l'amuser,
Par ces profusions j'ay creu le satisfaire,
Et l'ayant satisfait l'obliger à se taire :
Mais, helas ! en mon cœur il auoit tant d'appuy,
Que ie n'ay pû iamais prononcer contre luy,
Et n'ay mis en ces mains ce don du Diadéme
Qu'afin de l'obliger à s'exclurre luy-mesme.

Ainsi pour appaiser les murmures du cœur
Mon refus a porté les marques de faueur,
Et reuestant de gloire vn inuisible outrage
De peur d'en faire vn Roy ie l'ay fait dauantage.
Outre qu'indifferente aux vœux de tous les trois,
I'esperois que l'amour pourroit suiure son choix,
Et que le moindre d'eux de soy-mesme estimable
Receuroit de sa main la qualité d'aymable.
Voylà, Blanche, où i'en suis, voylà ce que i'ay
    fait,
Voylà les vrais motifs dont tu voyois l'effet ;
Car mon ame pour luy, quoy qu'ardemment pressée,
N'a consenty iamais à la moindre pensée,
Et ie mourrois encor auant que m'accorder
Ce qu'en secret mon cœur ose me demander.
Mais enfin ie voy bien que ie me suis trompée
De m'en estre remise à qui porte vne espée,
Et trouue occasion dessous cette couleur
De vanger les mépris qu'on fait de sa valeur.
Ie deuois par mon choix estouffer cent querelles,
Et l'ordre que i'y tiens en forme de nouuelles,
Et jette entre les Grands amoureux de mon rang
Vne necessité de répandre du sang ;
Mais j'y sçauray pourueoir.

BLANCHE

C'est vn penible ouurage
D'arrester vn combat qui authorise l'vsage,
Que les loix ont reglé, que les Roys vos ayeux
Ont daigné bien souuent honorer de leurs yeux.
On ne s'en dédit point sans quelque ignominie,
Et l'honneur aux grands cœurs est plus cher que la vie.

D. ISABELLE.

Je sçay ce que tu dis, & n'iray pas de front
Faire vn cōmandement qu'ils prendroient pour affront.
Lors que le deshonneur souille l'obeïssance
Les Roys peuuent douter de leur toute-puissance,
Qui la hazarde alors n'en sçait pas bien vser,
Et qui veut pouuoir tout ne doit pas tout oser.
Je rompray ce combat feignant de le permettre,
Et ie le tiens rompu si ie le puis remettre,
Les Reynes d'Arragon pourront mesmes m'ayder.
Voicy desia Carlos que ie viens de mander,
Demeure, & sois témoin auec combien d'adresse
Ma gloire de mon ame est tousiours la maistresse.

SCENE II.

D. ISABELLE, CARLOS, BLANCHE.

D. ISABELLE.

Vous auez bien seruy, Marquis, & jusqu'icy
Vos armes ont pour nous dignement reüssy :
Je pense auoir aussi-bien payé vos seruices,
 Malgré vos enuieux & leurs mauuais offices
J'ay fait beaucoup pour vous, & tout ce que i'ay fait
Ne vous a pas cousté seulement un souhait.
Si cette recompense est pourtant si petite
Qu'elle ne puisse aller iusqu'à vostre merite,
S'il vous en reste encor quelqu'autre à souhaiter,
Parlez, & donnez-moy moyen de m'acquiter.

CARLOS.

Apres tant de faueurs à pleines mains versées
Dont mon cœur n'eust osé conceuoir les pensées,

Surpris, troublé, confus, accablé de bien-faits,
Que j'osasse former encor quelques souhaits!

D. ISABELLE.

Vous estes donc content, & i'ay lieu de me plaindre.

CARLOS.

De moy?

D. ISABELLE.

De vous, Marquis. Ie vous parle sans feindre,
Escoutez. Vostre bras a bien seruy l'Estat
Tant que vous n'auez eu que le nom de Soldat:
Dés que ie vous fais Grand, si-tost que ie vous donne
Le droit de disposer de ma propre personne,
Ce mesme bras s'apreste à troubler son repos,
Comme si le Marquis cessoit d'estre Carlos,
Ou que cette grandeur ne fust qu'vn aduantage
Qui deust à sa ruine armer vostre courage.
Les trois Comtes en sont les plus fermes soustiens,
Vous attaquez en eux ses appuys, & les miens,
C'est son sang le plus pur que vous voulez répandre;
Et vous pouuez iuger l'honneur qu'on leur doit rendre,
Puisque ce mesme Estat me demandant vn Roy
Les a iugez eux trois les plus dignes de moy.

D. SANCHE

Peut-eſtre vn peu d'orgueil vous a mis dans la teſte
Qu'à vanger leur mépris ce prétexte eſt honneſte,
Vous en auez ſuiuy la premiere chaleur ;
Mais ont-ils mépriſé vous, ou voſtre valeur ?
N'en ont-ils pas rendu témoignage à ma veuë ?
Ils ont fait peu d'eſtat d'vne race incognuë,
Ils ont douté d'vn ſort que vous voulez cacher ;
Quand vn doute ſi iuſte auroit deu vous toucher,
I'auois pris quelque ſoin de vous vanger moy-meſme:
Remettre entre vos mains le don du Diadéme,
Ce n'eſtoit pas, Marquis, vous vanger à demy.
Ie vous ay fait leur iuge & non leur ennemy,
Et ſi ſous voſtre choix i'ay voulu les reduire,
C'eſt pour vous faire honneur & non pour les deſtruire,
C'eſt voſtre ſeul aduis, non leur ſang que ie veux,
Et c'eſt m'entendre mal que vous armer contr'eux.
N'auriez-vous point penſé que ſi ce grand courage
Vous pouuoit ſur tous trois donner quelque aduantage,
On diroit que l'Eſtat me cherchant vn eſpoux
N'en auroit pû trouuer de comparable à vous ?
Ah ! ſi ie vous croyois ſi vain, ſi temeraire...

CARLOS.

Madame, arreſtez là voſtre iuſte colere,

D'ARRAGON.

Ie suis assez coupable, & n'ay que trop osé
Sans choisir pour me perdre, vn crime supposé.
   Ie ne me défens point des sentimens d'estime
Que vos moindres Sujets auroient pour vous sans crime:
Lors que ie vois en vous les celestes accords
Des graces de l'esprit & des beautez du corps,
Ie puis, de tant d'attraits l'ame toute rauie,
Sur l'heur de vostre espoux ietter vn œil d'enuie,
Je puis contre le Ciel en secret murmurer
De n'estre pas né Roy pour pouuoir esperer,
Et les yeux éblouïs de cet éclat supresme
Baisser soudain la veuë & rentrer en moy-mesme.
Mais que ie laisse aller d'ambitieux soûpirs,
Vn ridicule espoir, de criminels desirs!
Ie vous ayme, Madame, & vous estime en Reyne,
Et quand j'aurois des feux dignes de vostre hayne,
Si vostre ame sensible à ces indignes feux
Se pouuoit oublier iusqu'à souffrir mes vœux,
Si par quelque malheur que ie ne puis comprendre
Du Trône iusqu'à moy ie la voyois descendre,
Commençant aussi-tost à vous moins estimer
Ie cesserois sans doute aussi de vous aymer.
L'amour que i'ay pour vous est tout à vostre gloire,
Ie ne vous pretens point pour fruit de ma victoire,

E

Ie combats vos amants sans dessein d'acquerir
Que l'heur d'en faire voir le plus digne, & mourir,
Et tiendrois mon destin assez digne d'enuie
S'il le faisoit cognoistre aux dépens de ma vie.
Seroit-ce à vos faueurs répondre pleinement
Que hazarder ce choix à mon seul jugement ?
Il vous doit vn espoux, à la Castille vn maistre :
Ie puis en mal iuger, ie puis les mal cognoistre.
Je sçay qu'ainsi que moy le Demon des combats
Peut donner au moins digne, & vous, & vos Estats;
Mais du moins si le sort des armes journalieres
En laisse par ma mort de mauuaises lumieres,
Elle m'en ostera la honte & le regret :
Et mesme si vostre ame en ayme vn en secret,
Et que ce triste choix rencontre mal le vostre,
Je ne vous verray point entre les bras d'vn autre
Reprocher à Carlos par de muets soupirs
Qu'il est l'vnique autheur de tous vos déplaisirs.

D. ISABELLE.

Ne cherchez point d'excuse à douter de ma flame,
Marquis, ie puis aymer puisqu'enfin ie suis femme ;
Mais si i'ayme, c'est mal me faire vostre Cour
Qu'exposer au trépas l'objet de mon amour,

D'ARRAGON.

Et toute vostre ardeur se seroit moderée
A m'auoir dans ce doute assez consideree.
Ie le veux éclaircir, & vous mieux éclairer,
Afin de vous apprendre à me considerer.
Ie ne le cele point, i'ayme, Carlos, oüy, i'ayme,
Mais l'amour de l'Estat plus fort que de moy-mesme
Cherche au lieu de l'objet le plus doux à mes yeux
Le plus digne Heros de regner en ces lieux,
Et craignant que mes feux osassent me seduire
I'ay voulu m'en remettre à vous pour m'en instruire.
Mais ie croy qu'il suffit que cet objet d'amour
Perde le Trône & moy sans perdre encor le iour,
Et mon cœur qu'on luy vole en souffre assez d'alarmes
Sans que sa mort pour moy me demande des larmes.

CARLOS.

Ah! si le Ciel tantost me daignoit inspirer
En quel heureux amant ie vous dois reuerer,
Que par vne facile & soudaine victoire....

D. ISABELLE.

Ne songez qu'à défendre & vous & vostre gloire.
Quel qu'il soit, les respects qui l'auroient épargné
Luy donneroient vn prix qu'il auroit mal gagné,

E ij

Et ceder à mes feux pluftoft qu'à fon merite
Ne feroit que me rendre au iuge que i'éuite.
Ie n'abuferay point du pouuoir abfolu
Pour defendre vn combat entre vous refolu,
Ie bleſſerois par là l'honneur de tous les quatre,
Les loix vous l'ont permis ; ie vous verray combatre,
C'eſt à moy comme Reyne à nommer le vainqueur.
Dites-moy cependant qui monſtre plus de cœur ?
Qui des trois le premier éprouue la Fortune ?

CARLOS.

D. Alvar.

D. ISABELLE.

D. Aluar !

CARLOS.

Oüy, D. Alvar de Lune.

D. ISABELLE.

On dit qu'il ayme ailleurs !

CARLOS.

Peut-eſtre a-t'il changé,
Mais du moins iuſqu'icy luy ſeul s'eſt engagé.

D. ISABELLE.

Ie deuine à peu prés quel interest l'engage,
Et nous verrons demain quel sera son courage.

CARLOS.

Vous ne m'auez donné que ce iour pour ce choix.

D. ISABELLE.

J'ayme mieux au lieu d'vn vous en accorder trois.

CARLOS.

Madame, son cartel marque cette iournée.

D. ISABELLE.

C'est peu que son cartel si ie ne l'ay donnée,
Qu'on le face venir pour la voir differer.
Ie vay pour vos combats faire tout préparer,
Adieu, souuenez-vous sur tout de ma defence,
Et vous aurez demain l'honneur de ma presence.

SCENE III.

CARLOS

COnsens-tu qu'on differe, honneur, le con-
   sens-tu ?
Cet ordre n'a-t'il rien qui souille ma vertu ?
N'ay-ie point à rougir de cette déference
Que d'vn combat illustre achepte la licence ?
Tu murmures, ce semble ? acheue, explique-toy.
La Reyne a-t'elle droit de te faire la loy ?
Tu n'es point son Suget, l'Arragon m'a veu naistre.
O Ciel, ie m'en souuiens & j'ose encor paroistre !
Et ie puis sous les noms de Comte & de Marquis
D'vn malheureux pescheur recognoistre le fils !
Honteuse obscurité qui seule me fais craindre,
Injurieux destin qui seul me rends à plaindre,
Plus on m'en fait sortir, plus ie crains d'y rentrer,
Et croy ne t'auoir fuy que pour te rencontrer.
Ton cruel souuenir sans fin me persecute,
Du rang où l'on m'esleue il me monstre la cheute,

D'ARRAGON.

Laſſe-toy deſormais de me faire trembler,
Ie parle à mon honneur, ne le vien point troubler,
Laiſſe-le ſans remords m'approcher des Couronnes,
Et ne vien point m'oſter plus que tu ne me donnes.
Ie n'ay plus rien à toy, la guerre a conſumé
Tout cet indigne ſang dont tu m'auois formé,
J'ay quitté iuſqu'au nom que ie tiens de ta hayne,
Et ne puis… mais voicy ma veritable Reyne.

SCENE IV.

D. ELVIRE, CARLOS.

D. ELVIRE.

AH, Carlos! car i'ay peine à vous nommer Mar-
  quis,
Non qu'vn tiltre ſi beau ne vous ſoit bien acquis,
Non qu'auecque iuſtice il ne vous apartienne,
Mais parce qu'il vous vient d'autre main que la
  mienne,
Et que ie préſumois n'appartenir qu'à moy
D'eſleuer voſtre gloire au rang où ie la voy.

Ie me consolerois toutefois auec joye
Des faueurs que sans moy le Ciel sur vous déploye,
Et verrois sans enuie agrandir vn Heros,
Si le Marquis tenoit ce qu'a promis Carlos,
S'il auoit comme luy son bras à mon seruice.
Ie venois à la Reyne en demander iustice,
Mais puisque ie vous voy, vous m'en ferez raison.
Ie vous accuse donc, non pas de trahison,
Pour vn cœur genereux cette tache est trop noire,
Mais d'vn peu seulement de manque de memoire.

CARLOS.

Moy, Madame ?

D. ELVIRE.

Escoutez mes plaintes en repos,
Ie me plains du Marquis, & non pas de Carlos.
Carlos de tout son cœur me garderoit parole,
Mais ce qu'il m'a donné le Marquis me le vole,
C'est luy seul qui dispose ainsi du bien d'autruy,
Et prodigue son bras quand il n'est plus à luy.
Carlos se souuiendroit que sa haute vaillance
Doit ranger D. Garcie à mon obeissance,

Qu'elle

Qu'elle doit affermir mon sceptre dans ma main,
Qu'il doit m'accompagner peut-estre dés demain,
Mais ce Carlos n'est plus, le Marquis luy succede,
Qu'vne autre soif de gloire, vn autre objet possede;
Et qui du mesm. bras qui m'estoit engagé
Entreprend trois combats mesme sans mon congé.
Helas! si ces honneurs dont vous comble la Reyne
Reduisent mon espoir en vne attente vaine,
Si les nouueaux desseins que vous en conceuez
Vous ont fait oublier ce que vous me deuez,
Rendez-luy ces honneurs qu'vn tel oubly profane,
Rendez-luy Penitafiel, Burgos, & Santillane,
L'Arragon a dequoy vous payer ces refus,
Et vous donner encor quelque chose de plus.

CARLOS.

Et Carlos, & Marquis, ie suis à vous, Madame,
Le changement de rang ne change point mon ame,
Mais vous trouuerez bon que par ces trois deffis
Carlos tasche à payer ce que doit le Marquis.
Vous reseruer mon bras noircy d'vne infamie
Attireroit sur vous la Fortune ennemie,
Et vous hazarderoit par cette lâcheté
Au iuste chastiment qu'il auroit merité.

F

D. SANCHE

Dans les occasions sans craindre aucun reproche
L'honneur auidement s'attache à la plus proche,
Et prefere sans honte & sans estre inconstant
Celle qui se presente à celle qui l'attend.
Ce n'est pas toutefois, Madame, qu'il l'oublie,
Ie sçay que ie vous dois le sang de D. Garcie,
Mais i'ay veu qu'à la Reyne on perdoit le respect,
Que d'vne indigne amour son cœur estoit suspect,
Pour m'auoir honoré ie l'ay veuë outragée,
Et ne puis m'acquiter qu'apres l'auoir vangée.

D. ELVIRE.

C'est me faire vne excuse où ie ne comprens rien
Sinon que son seruice est preferable au mien,
Qu'auant que de me suiure on doit mourir pour elle,
Et qu'estant son Sujet il faut m'estre infidelle.

CARLOS.

Ce n'est point en Sujet que ie cours au combat,
Peut-estre suis-ie né dedans quelqu'autre Estat :
Mais par vn zele entier & pour l'vne & pour l'autre,
I'embrasse également son seruice & le vostre,
Et les plus grands perils n'ont rien de hazardeux
Que j'ose refuser pour aucune des deux.

D'ARRAGON.

Quoy qu'engagé demain à combatre pour elle,
S'il falloit aujourd'huy vanger vostre querelle,
Tout ce que ie luy dois ne m'empescheroit pas
De m'exposer pour vous à plus de trois combats.
Ie voudrois toutes deux pouuoir vous satisfaire,
Vous, sans manquer vers elle, elle, sans vous déplaire;
Cependant ie ne puis seruir elle, ny vous,
Sans de l'vne ou de l'autre allumer le couroux.
Ie plaindrois vn amant qui souffriroit mes peines,
Et tel pour deux beautez que ie suis pour deux Reynes
Se verroit déchiré par vn égal amour
Tel que sont mes respects dans l'vne & l'autre Cour.
L'ame d'vn tel amant tristement balancée
Sur d'eternels soucys voit flotter sa pensée,
Et ne pouuant resoudre à quels vœux se borner,
N'ose rien acquerir ny rien abandonner,
Il n'ayme qu'auec trouble, il ne voit qu'auec crainte,
Tout ce qu'il entreprend donne sujet de plainte,
Ses hommages par tout ont de fausses couleurs,
Et son plus grand seruice est vn grand crime ailleurs.

D. ELVIRE.

Aussi sont-ce d'amour les premieres maximes
Que partager son ame est le plus grand des crimes,

Un cœur n'est à personne alors qu'il est à deux,
Aussi-tost qu'il les offre il dérobe ses vœux,
Et sa triste constance à choisir trop timide
Le rend vers l'vne ou l'autre incessamment perfide,
Et comme il n'est enfin ny rigueurs, ny mépris,
Qui pour vn tel amant ne soient vn digne prix,
Il ne peut meriter d'aucun œil qui le charme
En seruant, vn regard, en mourant, vne larme.

CARLOS.

Vous seriez bien seuere enuers ce pauure amant.

D. ELVIRE.

Allons voir si la Reyne agiroit autrement,
S'il en deuroit attendre vn plus leger supplice.
Cependant D. Alvar le premier entre en lice,
Vous sçauez quel amour il m'a toûjours fait voir.

CARLOS.

Je sçay combien sur luy vous auez de pouuoir.

D. ELVIRE.

Quand vous le combatrez pensez à ce que j'ayme,
Et ménagez son sang comme le vostre mesme.

CARLOS.
Quoy, m'ordonneriez-vous qu'icy i'en fisse vn Roy?
D. ELVIRE.
Je vous dis seulement que vous pensiez à moy.

FIN DV SECOND ACTE.

ACTE III.

SCENE PREMIERE.
D. ELVIRE, D. ALVAR.

D. ELVIRE.

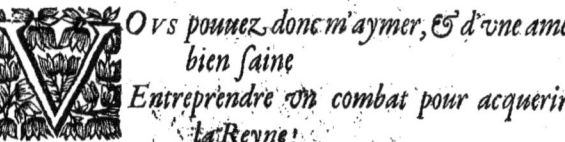

Ovs pouuez donc m'aymer, & d'vne ame
  bien saine
Entreprendre vn combat pour acquerir
  la Reyne!
Quel Astre agit sur vous auec tant de rigueur
Qu'il force vostre bras à trahir vostre cœur?
L'honneur, me dites-vous, vers l'amour vous excuse;
Ou cet honneur se trompe, ou cet amour s'abuse,
Et ie ne comprens point dans vn si mauuais tour
Ny quel est cet honneur, ny quel est cet amour.
Tout l'honneur d'vn amant c'est d'estre amant fidelle,
Si vous m'aymez, encor que prétendez-vous d'elle?

D'ARRAGON.

Et si vous l'acquerez que voulez-vous de moy ?
Aurez-vous droit alors de luy manquer de foy ?
La méspriserez-vous quand vous l'aurez acquise ?

D. ALVAR.

Qu'estant né son sujet iamais ie la méprise !

D. ELVIRE.

Que me voulez-vous donc ? vaincu par D. Carlos
Aurez-vous quelque grace à troubler mon repos ?
En serez-vous plus digne, & par cette victoire
Répandra-t'il sur vous vn rayon de sa gloire ?

D. ALVAR.

Que j'ose presenter ma défaite à vos yeux !

D. ELVIRE.

Que me veut donc enfin ce cœur ambitieux ?

D. ALVAR.

Que vous preniez pitié de l'estat déplorable
Où vostre long refus reduit vn miserable.
Mes vœux mieux écoutez par vn heureux effet
M'auroient sçeu garantir de l'honneur qu'on m'a fait,

Et l'Eſtat par ſon choix ne m'euſt pas mis en peine
De manquer à ma gloire, ou d'acquerir ma Reyne.
Voſtre refus m'expoſe à cette dure loy
D'entreprendre vn combat qui n'eſt que contre moy,
I'en crains également l'vne & l'autre fortune ;
Et le moyen auſsi que i'en ſouhaite aucune?
Ny vaincu, ny vainqueur, ie ne puis eſtre à vous,
Vaincu, j'en ſuis indigne, & vainqueur, ſon eſpoux,
Et le Deſtin m'y traite auec tant d'injuſtice,
Que ſon plus beau ſuccez me tient lieu de ſupplice.
Auſsi quand mon deuoir oſe la diſputer
Ie ne veux l'acquerir que pour vous meriter,
Que pour monſtrer qu'en vous j'adorois la perſonne,
Et me pouuois ailleurs promettre vne Couronne,
Et pleuſt au iuſte Ciel que i'y peuſſe, où mourir,
Ou ne la meriter que pour vous acquerir.

D. ELVIRE.

Ce ſont vœux ſuperflus de vouloir vn miracle
Où voſtre gloire oppoſe vn inuincible obſtacle,
Et la Reyne pour moy vous ſçaura bien payer
Du temps qu'vn peu d'amour vous fit mal employer,
Ma Couronne eſt douteuſe & la ſienne affermie,
L'auantage du change en oſte l'infamie ;
                                    Allez,

D'ARRAGON.

Allez, n'en perdez pas la digne occasion,
Poursuiuez-la sans honte & sans confusion,
La legereté mesme où tant d'honneur engage
Est moins legereté que grandeur de courage:
Mais gardez que Carlos ne me vange de vous.

D. ALVAR.

Ah! laissez-moy, Madame, adorer ce couroux,
J'auois creu iusqu'icy mon combat magnanime,
Mais ie suis trop heureux s'il passe pour vn crime,
Et si quand de vos loix l'honneur me fait sortir
Vous m'estimez assez pour vous en ressentir.
De ce crime vers vous quels que soient les suplices,
Du moins il m'a valu plus que tous mes seruices,
Puisqu'il me fait cognoistre, alors qu'il vous déplaist,
Que vous daignez en moy prendre quelque interest.

D. ELVIRE.

Le crime, D. Alvar, dont ie semble irritée,
C'est qu'on me persecute apres m'auoir quittée,
Et pour vous dire encor quelque chose de plus,
Ie me fâche d'entendre accuser mes refus.
Je suis Reyne sans sceptre, & n'en ay que le tiltre,
Le pouuoir m'en est deu, le temps en est l'arbitre:

G

D. SANCHE

Si vous m'auez seruie en genereux amant
Quand i'ay receu du Ciel le plus dur traitement,
I'ay tasché d'y répondre auec toute l'estime
Que pouuoit en attendre vn cœur si magnanime.
Pouuois-ie en cet exil dauantage sur moy ?
Je ne veux point d'espoux que ie n'en fasse vn Roy,
Et ie n'ay pas vne ame assez basse & commune
Pour en faire vn appuy de ma triste fortune.
C'est chez moy, D. Alvar, dans la pompe & l'éclat
Que me le doit choisir le bien de mon Estat.
Il falloit arracher mon sceptre à mon rebelle,
Le remettre en ma main pour le receuoir d'elle ;
Ie vous aurois peut-estre alors consideré
Plus que ne m'a permis vn sort si déploré.
Mais vne occasion plus prompte & plus brillante
A surpris cependant vostre amour chancelante,
Et soit que vostre cœur s'y trouuast disposé,
Soit qu'vn si long refus l'y laissast exposé,
Je ne vous blasme point de l'auoir acceptée,
De plus constants que vous l'auroient bien écoutée :
Quelle qu'en soit pourtant la cause & la couleur,
Vous pouuiez l'embrasser auec moins de chaleur,
Combatre le dernier, & par quelque apparence
Témoigner que l'honneur vous faisoit violence ;

D'ARRAGON.

De cette illusion l'artifice secret
M'eust forcée à vous plaindre & vous perdre à regret.
Mais courir au deuant, & vouloir bien qu'on voye
Que vos vœux mal receus m'échapent auec ioye.

D. ALVAR

Vous auriez donc voulu que l'honneur d'vn tel choix
Eust monstré vostre amant le plus lasche des trois ?
Que pour luy cette gloire eust eu trop peu d'amorces
Iusqu'à ce qu'vn riual eust épuisé ses forces ?
Que....

D. ELVIRE.

Vous acheuerez au sortir du combat,
Si toutefois Carlos vous en laisse en estat.
Voylà vos deux riuaux auec qui ie vous laisse,
Et vous diray demain pour qui ie m'interesse.

D. ALVAR.

Helas ! pour le bien voir ie n'ay que trop de iour.

SCENE II.

D. MANRIQVE, D. LOPE, D. ALVAR.

D. MANRIQVE.

Qvi vous traite le mieux ? la Fortune, ou l'Amour ?
La Reyne charme-t'elle auprés de D. Elvire ?

D. ALVAR.

Si j'emporte la bague, il faudra vous le dire.

D. LOPE.

Carlos vous nuit par tout, du moins à ce qu'on croit.

D. ALVAR.

Il fait plus d'vn jaloux, du moins à ce qu'on voit.

D. LOPE.

Il deuroit par pitié vous quitter l'vne ou l'autre.

D. ALVAR.

Plaignant mon interest, n'oubliez pas le vostre.

D. MANRIQVE.

De vray, la presse est grande à qui le fera Roy.

D. ALVAR.

Je vous plains fort tous deux, s'il vient à bout de moy.

D. MANRIQVE.

Mais si vous le vainquez, serons-nous fort à plaindre?

D. ALVAR.

Quand ie l'auray vaincu, vous aurez fort à craindre.

D. LOPE.

Oüy, de vous voir long-temps hors de combat pour nous.

D. ALVAR.

Nous aurons essuyé les plus dangereux coups.

D. MANRIQVE.

L'heure nous tardera d'en voir l'experience.

D. ALVAR.
On pourra vous guerir de cette impatience.

D. LOPE.
De grace, faites-donc que ce soit promptement.

SCENE III.
D. ISABELLE, D. MANRIQVE, D. ALVAR, D. LOPE.

D. ISABELLE.
Aissez-moy, D. Alvar, leur parler vn moment,
Je n'entreprendray rien à voſtre préjudice,
Et mon deſſein ne va qu'à vous faire iuſtice,
Qu'à vous fauoriſer plus que vous ne voulez.

D. ALVAR.
Ie ne ſçay qu'obeïr alors que vous parlez.

SCENE IV.

D. ISABELLE, D. MANRIQVE, D. LOPE.

D. ISABELLE.

COmtes, ie ne veux plus donner lieu qu'on murmure
Que choisir par autruy c'est me faire vne injure,
Et puisque de ma main le choix sera plus beau,
Ie veux choisir moy-mesme & reprendre l'anneau.
Ie feray plus pour vous, des trois qu'on me propose
I'en exclus D. Alvar, vous en sçauez la cause,
Ie ne veux point gesner vn cœur plein d'autres feux,
Et vous oste vn riual pour le rendre à ses vœux.
Qui n'ayme que par force ayme qu'on le neglige,
Et mon refus du moins autant que vous l'oblige.
Vous estes donc les seuls que ie veux regarder.
Mais auant qu'à choisir ie m'ose haZarder,
Ie voudrois voir en vous quelque preuue certaine,
Qu'en moy, c'est moy qu'on ayme, & non l'éclat de Reyne.

L'amour n'est, ce dit-on, qu'vne vnion d'esprits,
Et ie tiendrois des deux celuy-là mieux espris
Qui fauoriseroit ce que ie fauorise,
Et ne mépriseroit que ce que ie méprise,
Qui prendroit en m'aymant mesme cœur, mesmes yeux ;
Si vous ne m'entendez, ie m'expliqueray mieux.
 Aux vertus de Carlos j'ay paru liberale,
Je voudrois en tous deux voir vne estime égale,
Qu'il trouuast mesme honneur, mesme iustice en vous ;
Car ne présumez pas que ie prenne vn espoux,
Pour m'exposer moy-mesme à ce honteux outrage
Qu'vn Roy fait de ma main destruise mon ouurage ;
N'y pensez l'vn ny l'autre, à moins qu'vn digne effet
Suiue de vostre part ce que pour luy i'ay fait,
Et que par cet adueu ie demeure asseurée
Que tout ce qui m'a pleu doit estre de durée.

D. MANRIQVE.

Tousiours Carlos, Madame, & tousiours son bon-heur
Fait dépendre de luy le nostre & vostre cœur :
Mais puisque c'est par là qu'il faut enfin vous plaire
Vous-mesme apprenez-nous ce que nous pouuons faire.
Nous l'estimons tous deux vn des braues guerriers
A qui iamais la guerre ait donné des lauriers,

Nostre

D'ARRAGON.

Noſtre liberté meſme eſt deuë à ſa vaillance,
Et quoy qu'il ait tantoſt monſtré quelque inſolence
Dont nous a deu piquer l'honneur de noſtre rang,
Vous auez ſuppleé l'obſcurité du ſang,
Ce qu'il vous plaiſt qu'il ſoit il eſt digne de l'eſtre.
Nous luy deuons beaucoup & l'allions recognoiſtre,
L'honorer en Soldat & luy faire du bien ;
Mais apres vos faueurs nous ne pouuons plus rien.
Qui pouuoit pour Carlos ne peut plus pour vn Comte,
Il n'eſt rien en nos mains qu'il en receuſt ſans honte,
Et vous auez pris ſoin de le payer pour nous.

D. ISABELLE.

Il en eſt en vos mains, des preſents aſſez doux,
Qui purgeroient vos noms de toute ingratitude,
Et mon ame pour luy de toute inquietude ;
Il en eſt dont ſans honte il ſeroit poſſeſſeur.
En vn mot, vous auez l'vn & l'autre vne ſœur,
Et ie veux que le Roy qu'il me plaira de faire
En receuant ma main le faſſe ſon beau-frere,
Et que par cet Hymen ſon deſtin affermy
Ne puiſſe en mon eſpoux trouuer ſon ennemy.
Ce n'eſt pas apres tout que i'en craigne la hayne,
Ie ſçay qu'en cet Eſtat ie ſeray touſiours Reyne,

H

D. SANCHE

Et qu'vn tel Roy iamais, quel que soit son projet,
Ne sera sous ce nom que mon premier Sujet,
Mais ie ne me plais pas à contraindre personne,
Et moins que tous vn cœur à qui le mien se donne.
Répondez donc tous deux, n'y consentez-vous pas ?

D. MANRIQVE.

Oüy, Madame, aux plus longs & plus cruels trépas,
Plustost qu'à voir iamais de pareils Hymenées
Ternir en vn moment l'éclat de mille années.
Ne cherchez point par là cette vnion d'esprits,
Vostre sceptre, Madame, est trop cher à ce prix,
Et iamais....

D. ISABELLE.

Ainsi donc vous me faites cognoistre
Que ce que ie l'ay fait il est digne de l'estre ?
Que ie puis suppléer l'obscurité du sang ?

D. MANRIQVE.

Oüy bien pour l'esleuer iusques à nostre rang.
Iamais vn Souuerain ne doit compte à personne
Des dignitez qu'il fait & des grandeurs qu'il donne:
S'il est d'vn sort indigne ou l'autheur ou l'appuy,
Comme il le fait luy seul la honte est toute à luy.

D'ARRAGON.

Mais disposer d'vn sang que i'ay receu sans tache!
Auant que le souiller il faut qu'on me l'arrache,
J'en dois compte aux ayeux dont il est herité,
A toute leur famille, à la posterité....

D. ISABELLE.

Et moy, Manrique, & moy, qui n'en dois aucun conte
J'en disposeray seule & j'en auray la honte.
Mais quelle extrauagance a pû vous figurer
Que ie me donne à vous pour vous deshonorer?
Que mon sceptre en vos mains porte quelque infamie?
Si ie suis iusques-là de moy-mesme ennemie,
En quelle qualité de sujet ou d'amant
M'osez-vous expliquer ce noble sentiment?
Ah! si vous n'apprenez à parler d'autre sorte....

D. LOPE.

Madame, pardonnez à l'ardeur qui l'emporte,
Il deuoit s'excuser auec plus de douceur.
Nous auons en effet l'vn & l'autre vne sœur,
Mais si j'ose en parler auec quelque franchise,
A d'autres qu'au Marquis l'vne & l'autre est promise.

D. ISABELLE.

A qui, D. Lope?

H ij

D. SANCHE

D. MANRIQVE.

A moy, Madame.

D. ISABELLE.

Et l'autre?

D. LOPE.

A moy.

D. ISABELLE.

J'ay donc tort parmy vous de vouloir faire vn Roy.
Allez, heureux amants, allez voir vos Maistresses,
Et parmy les douceurs de vos dignes caresses
N'oubliez pas de dire à ces ieunes esprits
Que vous faites du Trône vn genereux mépris,
Ie vous l'ay desia dit, ie ne force personne,
Et rends grace à l'Estat des amants qu'il me donne.

D. LOPE.

Escoutez-nous, de grace.

D. ISABELLE.

Et que me direz-vous?
Que la constance est belle au iugement de tous?

Qu'il n'est point de grandeurs qui la doiuent seduire?
Quelques autres que vous m'en sçaurõt mieux instruire,
Et si cette vertu ne se doit point forcer,
Peut-estre qu'à mon tour ie sçauray l'exercer.

D. LOPE.

Exercez-la, Madame, & souffrez qu'on s'explique.
Vous cognoistrez du moins D. Lope & D. Manrique,
Qu'vn vertueux amour qu'ils ont tous deux pour vous
Ne pouuant rendre heureux sans en faire vn jaloux,
Porte à tarir ainsi la source des querelles
Qu'entre les grands riuaux on voit si naturelles.
Ils se sont l'vn à l'autre attachez par ces nœuds
Qui n'auront leur effet que pour le malheureux.
Il me deura sa sœur s'il faut qu'il vous obtienne,
Et si ie suis à vous ie luy deuray la mienne.
Celuy qui doit vous perdre ainsi malgré son sort
A s'approcher de vous fait encor son effort;
Ainsi pour consoler l'vne ou l'autre infortune
L'vne & l'autre est promise & nous n'en deuons qu'vne,
Nous ignorons laquelle, & vous la choisirez
Puisqu'enfin c'est la sœur du Roy que vous ferez.
Iugez donc si Carlos en peut estre beau-frere,
Et si vous deuez rompre vn nœud si salutaire,

Hazarder vn repos à voſtre Eſtat ſi doux
Qu'affermit ſous vos loix la concorde entre nous.

D. ISABELLE.

Et ne ſçauez-vous point qu'eſtant ce que vous eſtes
Vos ſœurs par conſequent mes premieres Sujettes,
Les donner ſans mon ordre, & meſme malgré moy,
C'eſt dans mon propre Eſtat m'oſer faire la loy?

D. MANRIQVE.

Agiſſez donc enfin, Madame, en Souueraine,
Et ſouffrez qu'on s'excuſe ou commandez en Reyne;
Nous vous obeirons, mais ſans y conſentir.
Et pour vous dire tout auant que de ſortir,
Carlos eſt genereux, il cognoit ſa naiſſance;
Qu'il ſe iuge en ſecret ſur cette cognoiſſance,
Et s'il trouue ſon ſang digne d'vn tel honneur,
Qu'il vienne, nous tiendrons l'alliance à bonheur;
Qu'il choiſiſſe des deux, & l'eſpouſe s'il l'oſe.
Nous n'auons plus, Madame, à vous dire autre choſe,
Mettre en vn tel hazard le choix de leur eſpoux
C'eſt iuſqu'où nous pouuons nous abaiſſer pour vous;
Mais encore vne fois que Carlos y regarde,
Et penſe à quels perils cet Hymen le hazarde.

D. ISABELLE.

Vous-mesmes ; gardez bien pour le trop dédaigner
Que ie ne monstre enfin comme ie sçay regner.

SCENE V.

D. ISABELLE.

Qvel est ce mouuement qui tous deux les mutine
Lors que l'obeïssance au Trône les destine ?
Est-ce orgueil ? est-ce enuie ? est-ce animosité ?
Défiance, mépris, ou generosité ?
N'est-ce point que le Ciel ne consent qu'auec peine
Cette triste vnion d'vn Sujet à sa Reyne,
Et jette vn prompt obstacle aux plus aisez desseins
Qui laissent choir mon sceptre en leurs indignes
    mains ?
Mes yeux n'ont-il horreur d'vne telle bassesse
Que pour s'abaisser trop lors que ie les abaisse ?
Quel destin à ma gloire oppose mon ardeur ?
Quel destin à ma flame oppose ma grandeur ?

D. SANCHE
Si ce n'eſt que par là que ie m'en puis defendre,
Ciel, laiſſe-moy donner ce que ie n'oſe prendre,
Et puiſqu'enfin pour moy tu n'as point fait de
   Rois
Souffre de mes Sujets le moins indigne choix.

SCENE VI.
D. ISABELLE, BLANCHE.

D. ISABELLE.
Blanche, i'ay perdu temps.

BLANCHE.
Ie l'ay perdu de meſme.

D. ISABELLE.
Les Comtes à ce prix fuyent le Diadéme.

BLANCHE.
Et Carlos ne veut point de fortune à ce prix.

D. ISA-

D. ISABELLE.

Rend-il hayne pour hayne, & mépris pour mépris ?

BLANCHE.

Non, Madame, au contraire, il estime ces Dames
Digne des plus grands cœurs & des plus belles flames.

D. ISABELLE.

Et qui l'empesche donc d'aymer & de choisir ?

BLANCHE.

Quelque secret obstacle arreste son desir.
Tout le bien qu'il en dit ne passe point l'estime,
Charmantes qu'elles sont, les aymer c'est vn crime.
Il ne s'excuse point sur l'inégalité,
Il semble plustost craindre vne infidelité,
Et ses discours obscurs sous vn confus mélange
M'ont fait voir malgré luy cōme vne horreur du change,
Comme vne auersion, qui pour tout fondement
N'a que les nœuds secrets d'vn autre attachement.

D. ISABELLE.

Il aymeroit ailleurs !

I

BLANCHE.

Oüy, si ie ne m'abuse,
Il ayme en lieu plus haut que n'est ce qu'il refuse,
Et si ie ne craignois vostre iuste couroux
J'oserois deuiner, Madame, que c'est vous.

D. ISABELLE.

Ah! ce n'est pas pour moy qu'il est si temeraire,
Tantost dans ses respects i'ay trop veu le contraire:
Si l'éclat de mon sceptre auoit pû le charmer
Il ne m'auroit iamais defendu de l'aymer.
S'il ayme en lieu si haut, il ayme D. Elvire,
Il doit l'accompagner iusques dans son Empire,
Et fait à mes amants ces deffis genereux,
Non pas pour m'acquerir, mais pour se vanger d'eux.
Je l'ay donc aggrandy pour le voir disparoistre,
Et qu'vne Reyne ingrate à l'égal de ce traistre
M'enleue apres vingt ans de refuge en ces lieux
Ce qu'auoit mon Estat de plus doux à mes yeux!
Non, i'ay pris trop de soin de conseruer sa vie,
Qu'il combate, qu'il meure, & i'en seray rauie,
Ie sçauray par sa mort à quels vœux m'engager,
Et i'aymeray des trois qui m'aura sçeu vanger.

D'ARRAGON.

BLANCHE.

Que vous peut offencer sa flame ou sa retraite,
Puisque vous n'aspirez qu'à vous en voir défaite ?
Ie ne sçay pas s'il ayme ou D. Elvire, ou vous,
Mais ie ne comprens point ce mouuement jaloux.

D. ISABELLE.

Tu ne le comprens point ! & c'est ce qui m'estonne.
   Ie veux donner son cœur, non que son cœur le donne,
Ie veux que son respect l'empesche de m'aymer,
Non des flames qu'vn autre a sçeu mieux allumer.
Ie veux bien plus, qu'il m'ayme, & qu'vn iuste silence
Face à des feux pareils pareille violence,
Que l'inégalité luy donne mesme ennuy,
Qu'il souffre autant pour moy que ie souffre pour luy,
Que par le seul dessein d'affermir sa fortune,
Et non point par amour il se donne à quelqu'vne,
Que par mon ordre seul il s'y laisse obliger,
Que ce soit m'obeïr, & non me negliger,
Et que voyant ma flame à l'honorer trop prompte,
Il m'oste de peril sans me faire de honte.
Car enfin il l'a veuë, & la cognoist trop bien ;
Mais il aspire au Trône & ce n'est pas au mien,

I ij

Il me préfere vne autre, & cette préference
Forme de son respect la trompeuse apparence.
Faux respect, qui me braue & veut regner sans moy.

BLANCHE.

Pour aymer D. Elvire, il n'est pas encor Roy.

D. ISABELLE.

Elle est Reyne, & peut tout sur l'esprit d'vne mere.

BLANCHE.

Si ce n'est vn faux bruit, le Ciel luy rend vn frere,
D. Sanche n'est point mort, & vient icy, dit-on,
Auec les Deputez qu'on attend d'Arragon.
C'est ce qu'en arriuant leurs gens ont fait entendre.

D. ISABELLE.

Blanche, s'il est ainsi, que d'heur j'en dois attendre!
L'injustice du Ciel faute d'autres objets
Me forçoit d'abaisser mes yeux sur mes Sujets,
Ne voyant point de Prince égal à ma naissance,
Qui ne fut sous l'Hymen, ou Maure, ou dans l'enfance;
Mais s'il luy rend vn frere, il m'enuoye vn espoux.
Comtes, ie n'ay plus d'yeux pour Carlos, ny pour vous,

D'ARRAGON. 69

Et deuenant par là Reyne de ma riuale
Ie l'empescheray bien qu'elle ne se rauale,
Ie l'empescheray bien d'auoir plus de bonheur
Que ne m'en ont permis ces tristes loix d'honneur.

BLANCHE.

La belle occasion que vostre jalousie,
Douteuse encor qu'elle est, a promptement saisie.

D. ISABELLE.

Allons l'examiner, Blanche, & taschons de voir
Quelle iuste esperance il en faut conceuoir.

FIN DV TROISIESME ACTE.

D. SANCHE

ACTE IV.

SCENE PREMIERE.
D. LEONOR, D. MANRIQVE, D. LOPE.

D. MANRIQVE.

Voy que l'espoir d'vn Trône & l'amour
    d'vne Reyne
Soient des biens que iamais on ne ceda
    sans peine,
Quoy qu'à l'vn de nous deux elle ayt promis sa foy,
Nous cessons de prétendre où nous voyons vn Roy.
Dans nostre ambition nous sçauons nous cognoistre,
Et benissans le Ciel qui nous donne vn tel maistre,
Ce Prince qu'il vous rend apres tant de trauaux
Trouue en nous des Sujets & non pas des riuaux :

D'ARRAGON.

Heureux si l'Arragon joint auec la Castille
Du sang de deux grands Roys ne fait qu'vne famille.
Nous vous en conjurons, loin d'en estre jaloux,
Comme estans l'vn & l'autre à l'Estat plus qu'à nous,
Et tous impatients d'en voir la force vnie
Des Maures nos voisins dompter la tyrannie,
Nous renonçons sans honte à ce choix glorieux
Qui d'vne grande Reyne abaissoit trop les yeux.

D. LEONOR.

La generosité de vostre déference,
Comtes, flatte trop tost ma nouuelle esperance:
D'vn aduis si douteux j'attens fort peu de fruit,
Et ce grand bruit enfin peut-estre n'est qu'vn bruit.
Mais iugez-en vous-mesme, & me daignez apprendre
Ce qu'auecque raison mon cœur en doit attendre.
 Les troubles d'Arragon vous sont assez cognus,
Ie vous en ay souuent tous deux entretenus;
Et ne vous redy point quelles longues miseres
Chasserent D. Fernand du Trône de ses peres.
Il y voyoit desia monter ses ennemis,
Ce Prince malheureux, quand j'accouchay d'vn fils,
On le nomma D. Sanche, & pour cacher sa vie
Aux barbares fureurs du traistre D. Garcie,

A peine eus-ie loisir de luy dire vn Adieu,
Qu'il le fit enleuer sans me dire en quel lieu,
Et ie n'en pûs iamais sçauoir que quelques marques
Pour recognoistre vn iour le sang de nos Monarques :
Trop inutiles soins contre vn si mauuais sort,
Luy-mesme au bout d'vn an m'apprit qu'il estoit mort.
Quatre ans apres il meurt, & me laisse vne fille
Dont ie vins par son ordre accoucher en Castille.
Il me souuient tousiours de ses derniers propos,
Il mourut en mes bras auec ces tristes mots.
Ie meurs, & ie vous laisse en vn sort déplorable,
Le Ciel vous puisse vn iour estre plus fauorable,
D. Raymond a pour vous des secrets importants,
Et vous les apprendra quand il en sera temps :
Fuyez dans la Castille. A ces mots il expire,
Et iamais D. Raymond ne me voulut rien dire.
Je partis sans lumiere en ces obscuritez :
Mais le voyant venir auec ces Deputez,
Et que c'est par leurs gens que ce grand bruit éclate,
(Voyez qu'en sa faueur aisement on se flatte)
J'ay creu que du secret le temps estoit venu,
Et que D. Sanche estoit ce mystere incognu,
Qu'il l'amenoit icy recognoistre vne mere.
Helas, que c'est en vain que mon amour l'espere !

A ma

D'ARRAGON.

A ma confusion ce bruit s'est éclaircy,
Bien loin de l'amener ils le cherchent icy,
Voyez quelle apparence, & si cette Prouince
A iamais sçeu le nom de ce malheureux Prince.

D. LOPE.

Si vous croyez au nom, vous croirez son trépas,
Et qu'on cherche D. Sanche, où D. Sanche n'est pas.
Mais si vous en voulez croire la voix publique,
Et que nostre pensée auec elle s'explique,
Ou le Ciel pour iamais a repris ce Heros,
Ou cet illustre Prince est le vaillant Carlos.
Nous le dirons tous deux quoy que suspects d'enuie,
C'est vn miracle pur que le cours de sa vie.
Cette haute vertu qui charme tant d'esprits,
Cette fiere valeur qui braue nos mépris,
Ce port majestueux, qui tout incognu méme
A plus d'accez que nous auprés du Diadéme,
Deux Reynes qu'à l'enuy nous voyons l'estimer,
Et qui peut-estre ont peine à ne le pas aymer,
Ce prompt consentement d'vn peuple qui l'adore ;
Madame, apres cela j'ose vous dire encore,
Ou le Ciel pour iamais a repris ce Heros,
Où cet illustre Prince est le vaillant Carlos.

K

D. SANCHE

Nous auons méprisé sa naissance incognuë,
Mais à ce peu de iour nous recouurons la veuë,
Et verrions à regret qu'il fallust aujourd'huy
Ceder nostre esperance à tout autre qu'à luy.

D. LEONOR.

Il en a le merite, & non pas la naissance,
Et luy-mesme il en donne assez de cognoissance,
Abandonnant la Reyne à choisir parmy vous
Vn Roy pour la Castille, & pour elle vn espoux.

D. MANRIQVE.

Et ne voyez-vous pas que sa valeur s'appreste
A faire sur tous trois cette illustre conqueste ?
Oubliez-vous desia qu'il a dit à vos yeux
Qu'il ne veut rien deuoir au nom de ses ayeux ?
Son grand cœur se dérobe à ce haut auantage
Pour deuoir sa grandeur entiere à son courage.
Dans vne Cour si belle & si pleine d'appas
Auez-vous remarqué qu'il ayme en lieu plus bas ?

D. LEONOR.

Le voicy, nous sçaurons ce que luy-mesme en pense.

SCENE II.

D. LEONOR, CARLOS, D. MANRIQVE, D. LOPE.

CARLOS.

MAdame, sauuez-moy d'vn honneur qui m'of-
 fence.
Vn peuple opiniastre à m'arracher mon nom
Veut que ie sois D. Sanche, & Prince d'Arragon.
Puisque par sa presence il faut que ce bruit meure,
Dois-ie estre en l'attendant le fantosme d'vne heure ?
Ou si c'est vne erreur qui luy promet ce Roy,
Souffrez-vous qu'elle abuse, & de vous, & de moy ?

D. LEONOR.

Quoy que vous presumiez de la voix populaire,
Par de secrets rayons le Ciel souuent l'éclaire ;
Vous apprendrez par là du moins les vœux de tous,
Et quelle opinion les peuples ont de vous.

K ij

D. LOPE.

Prince, ne cachez plus ce que le Ciel découure,
Ne fermez pas nos yeux quand sa main nous les ouure,
Vous deuez estre las de nous faire faillir ;
Nous ignorons quels fruits vous en vouliez cueillir,
Mais nous auions pour vous vne estime assez haute
Pour n'estre pas forcèz à commettre vne faute,
Et nostre honneur au vostre en aueugle opposé
Meritoit par pitié d'estre desabusé.
Nostre orgueil n'est pas tel qu'il s'attache aux personnes,
Ou qu'il ose oublier ce qu'il doit aux Couronnes;
Et s'il n'a pas eu d'yeux pour vn Roy déguisé,
Si l'incognu Carlos s'en est veu méprisé,
Nous respectons D. Sanche, & l'acceptons pour maistre
Si-tost qu'à nostre Reyne il se fera cognoistre.
Et sans doute son cœur nous en aduouëra bien ;
Hastez cette vnion de vostre sceptre au sien,
Seigneur, & d'vn Soldat quittant la fausse image
Receuez comme Roy nostre premier hommage.

CARLOS.

Comtes, ces faux respects dont ie me voy surpris
Sont plus injurieux encor que vos mépris.

D'ARRAGON.

Ie pense auoir rendu mon nom assez illustre
Pour n'auoir pas besoin qu'on luy donne vn faux lustre,
Reprenez vos honneurs où ie n'ay point de part.
I'imputois ce faux bruit aux fureurs du hazard,
Et doutois qu'il pûst estre vne ame assez hardie
Pour eriger Carlos en Roy de Comedie :
Mais puisque c'est vn jeu de vostre belle humeur,
Sçachez que les vaillants honorent la valeur,
Et que tous vos pareils auroient quelque scrupule
A faire de la mienne vn éclat ridicule.
Si c'est vostre dessein d'en réjoüir ces lieux,
Quand vous m'aurez vaincu, vous me raillerez mieux.
La raillerie est belle apres vne victoire,
On la fait auec grace aussi bien qu'auec gloire ;
Mais vous précipitez vn peu trop ce dessein,
La bague de la Reyne est encore en ma main,
Et l'incognu Carlos sans nommer sa famille
Vous sert encor d'obstacle au Trône de Castille,
Ce bras qui vous sauua de la captiuité
Peut s'opposer encore à cette auidité.

D. MANRIQVE.

Pour n'estre que Carlos, vous parlez bien en maistre,
Et tranchez bien du Prince en déniant de l'estre.

Si nous auons tantost iusqu'au bout defendu
L'honneur qu'à nostre rang nous voyions estre deu,
Nous sçaurons bien encor iusqu'au bout le defendre,
Mais ce que nous deuons, nous aymons à le rendre.
Que vous soyez D. Sanche, ou qu'vn autre le soit,
L'vn & l'autre de nous luy rendra ce qu'il doit.
Pour le nouueau Marquis, quoy que l'honneur l'irrite,
Qu'il sçache qu'on l'honore autant qu'il le merite,
Mais que pour nous combatre il faut que le bon sang
Ayde vn peu sa valeur à soustenir ce rang.
Qu'il n'y prétende point à moins qu'il se declare:
Non que nous demandions qu'il soit Guzman, ou
    Lare,
Qu'il soit noble, il suffit pour nous traiter d'égal,
Nous le verrons tous deux comme vn digne riual,
Et si D. Sanche enfin n'est qu'vne attente vaine,
Nous luy disputerons cet anneau de la Reyne.
Qu'il souffre cependant, quoy que braue guerrier,
Que nostre bras dédaigne vn simple auenturier.
Nous vous laissons, Madame, éclaircir ce mystere,
Le sang a des secrets qu'entend mieux vne mere,
Et dans les differens qu'auec luy nous auons
Nous craignons d'oublier ce que nous vous deuons.

SCENE III.

D. LEONOR, CARLOS.

CARLOS.

Madame, vous voyez comme l'orgueil me traite,
Pour me faire un honneur on veut que ie l'achepte,
Mais s'il faut qu'il m'en couste un secret de vingt ans,
Cet anneau dans mes mains pourra briller long-temps.

D. LEONOR.

Laissons-là ce combat, & parlons de D. Sanche.
Ce bruit est grand pour vous, toute la Cour y panche,
De grace, dites-moy, vous cognoissez-vous bien?

CARLOS.

Pleust à Dieu qu'en mon sort ie ne cogneusse rien.
Si j'estois quelque enfant épargné des tempestes,
Liuré dans un desert à la mercy des bestes,
Exposé par la crainte ou par l'inimitié,
Rencontré par hazard, & nourry par pitié;

Mon orgueil à ce bruit prendroit quelque eſperance
Sur voſtre incertitude & ſur mon ignorance.
Ie me figurerois ces deſtins merueilleux
Qui tiroient du neant les Heros fabuleux,
Et me reueſtirois des brillantes chimeres
Qu'oſa former pour eux le loiſir de nos peres.
Car enfin ie ſuis vain , & mon ambition
Ne peut s'examiner ſans indignation,
Ie ne puis regarder ſceptre, ny Diadéme,
Qu'ils n'emportent mon ame au delà d'elle-meſme.
Inutiles eſlans d'vn vol impetueux,
Que pouſſe vers le Ciel vn cœur préſomptueux,
Que ſouſtiennent en l'air quelques exploits de guerre,
Et qu'vn coup d'œil ſur moy rabat ſoudain à terre.

Je ne ſuis point D. Sanche, & cognoy mes parents,
Ce bruit me donne en vain vn nom que ie vous rends,
Gardez-le pour ce Prince, vne heure ou deux peut-eſtre
Auec vos Deputez vous le feront cognoiſtre ;
Laiſſez-moy cependant à cette obſcurité
Qui ne fait que iuſtice à ma temerité.

D. LEONOR.

En vain donc ie me flatte, & ce que j'ayme à croire
N'eſt qu'vne illuſion que me fait voſtre gloire ?

Mon

D'ARRAGON. 81

Mon cœur vous en desdit, vn secret mouuement
Qui le panche vers vous, malgré moy vous dément;
Mais ie ne puis juger quelle source l'anime,
Si c'est l'ardeur du sang, ou l'effort de l'estime,
Si la nature agit, ou si c'est le desir,
Si c'est vous recognoistre, ou si c'est vous choisir.
Ie veux bien toutefois estouffer ce murmure
Comme de vos vertus vne aymable imposture,
Condamner pour vous plaire vn bruit qui m'est si doux;
Mais où sera mon fils, s'il ne vit point en vous ?
On veut qu'il soit icy, ie n'en vois aucun signe,
On cognoit horsmis vous quiconque en seroit digne,
Et le vray sang des Roys sous le sort abatu
Peut cacher sa naissance & non pas sa vertu:
Il porte sur le front vn luisant caractere
Qui parle malgré luy de tout ce qu'il veut taire,
Et celuy que le Ciel sur le vostre auoit mis
Pouuoit seul m'éblouïr, si vous l'eussiez permis.
Vous ne l'estes donc point puisque vous me le dites,
Mais vous estes à craindre auec tant de merites.
Souffrez que i'en demeure à cette obscurité.
Ie ne condamne point vostre temerité,
Mon estime au contraire est pour vous si puissante
Qu'il ne tiendra qu'à vous que mon cœur n'y consente:

L

D. SANCHE

Vostre sang auec moy n'a qu'à se declarer,
Et ie vous donne apres liberté d'esperer.
Que si mesme à ce prix vous cachez vostre race,
Ne me refusez point du moins vne autre grace.
Ne vous préparez plus à nous accompagner,
Nous n'auons plus besoin de secours pour regner,
La mort de D. Garcie a puny tous ses crimes,
Et rendu l'Arragon à ses Roys legitimes,
N'en cherchez plus la gloire, & quels que soyẽt vos vœux,
Ne me contraignez point à plus que ie ne veux :
Le prix de la valeur doit auoir ses limites,
Et ie vous crains enfin auec tant de merites.
C'est assez vous en dire, adieu, pensez-y bien,
Et faites-vous cognoistre, ou n'aspirez à rien.

SCENE IV.
CARLOS, BLANCHE.

BLANCHE.

Qvi ne vous craindra point si les Reynes vous
craignent ?

CARLOS.

Elles se font raison lors qu'elles me dédaignent.

BLANCHE.

Dédaigner un Heros qu'on recognoist pour Roy !

CARLOS.

N'ayde point à l'enuie à se joüer de moy,
Blanche, ou si tu te plais à seconder sa haine,
Du moins respecte en moy l'ouurage de ta Reyne.

BLANCHE.

La Reyne mesme en vous ne voit plus aujourd'huy
Qu'vn Prince que le Ciel nous monstre malgré luy.
Mais c'est trop la tenir dedans l'incertitude,
Ce silence vers elle est vne ingratitude,
Ce qu'a fait pour Carlos sa generosité
Meritoit de D. Sanche vne ciuilité.

CARLOS.

Ah, nom fatal pour moy, que tu me persecutes,
Et prépares mon ame à d'effroyables cheütes !

SCENE V.

D. ISABELLE, CARLOS, BLANCHE.

CARLOS.

MAdame, commandez qu'on me laiſſe en repos,
Qu'on ne confonde plus D. Sanche auec Carlos,
C'eſt faire au nom d'vn Prince vne trop longue injure,
Ie ne veux que celuy de voſtre creature;
Et ſi le ſort jaloux qui ſemble me flatter
Veut m'eſleuer plus haut pour m'en précipiter,
Souffrez qu'en m'éloignant ie dérobe ma teſte
A l'indigne reuers que ſa fureur m'appreſte;
Je le voy de trop loin pour l'attendre en ce lieu,
Souffrez que ie l'éuite en vous diſant Adieu,
Souffrez....

D. ISABELLE.

Quoy ce grand cœur redoute vne couronne?
Quand on le croit Monarque, il fremit, il s'eſtonne,

D'ARRAGON.

Il veut fuir cette gloire, & se laisse alarmer
De ce que sa vertu force d'en présumer?

CARLOS.

Ah, vous ne voyez pas que cette erreur commune
N'est qu'vne trahison de ma bonne fortune,
Que desia mes secrets sont à demy trahis.
Ie luy cachois en vain ma race & mon païs,
En vain sous vn faux nom ie me faisois cognoistre
Pour luy faire oublier ce qu'elle m'a fait naistre,
Elle a desia trouué mon païs & mon nom.
Ie suis Sanche, Madame, & né dans l'Arragon,
Et ie croy desia voir sa malice funeste
Destruire vostre ouurage en découurant le reste,
Et faire voir icy par vn honteux effet
Quel Comte & quel Marquis vostre faueur a fait.

D. ISABELLE.

Pourrois-je alors manquer de force ou de courage
Pour empescher le sort d'abatre mon ouurage?
Ne me dérobez point ce qu'il ne peut ternir,
Et la main qui l'a fait sçaura le soustenir:
Mais vous vous en formez vne vaine menace,
Pour faire vn beau prétexte à l'amour qui vous chasse.

D. SANCHE

Ie ne demande plus d'où partoit ce dédain
Quand i'ay voulu vous faire vn Hymen de ma main,
Allez dans l'Arragon suiure vostre Princesse ;
Mais allez-y du moins sans feindre vne foiblesse,
Et puisque ce grand cœur s'attache à ses appas,
Monstrez en la suiuant que vous ne fuyez pas.

CARLOS.

Ah, Madame ! plustost apprenez tous mes crimes,
Ma teste est à vos pieds, s'il vous faut des victimes.
Tout chetif que ie suis, ie dois vous aduoüer
Qu'en me plaignant du Sort i'ay dequoy m'en loüer,
S'il m'a fait en naissant quelque desaduantage
Il m'a donné d'vn Roy le nom & le courage,
Et depuis que mon cœur est capable d'aymer,
A moins que d'vne Reyne il n'a pû s'enflamer.
Voylà mon premier crime, & ie ne puis vous dire
Qui m'a fait infidelle, ou vous, ou D. Elvire,
Mais ie sçay que ce cœur des deux parts engagé
Se donnant à vous deux ne s'est point partagé,
Toûjours prest d'embrasser son seruice & le vostre,
Toûjours prest à mourir, & pour l'vne, & pour l'autre.
Pour n'en adorer qu'vne il eust fallu choisir,
Et ce choix eust esté du moins quelque desir,

Quelque espoir outrageux d'estre mieux receu d'elle,
Et i'ay creu moins de crime à paroistre infidelle.
Qui n'a rien à pretendre en peut bien aymer deux,
Et perdre en plus d'vn lieu des soûpirs & des vœux.
Voylà mon second crime, & quoy que ma souffrance
Iamais à ce beau feu n'ait permis d'esperance,
Ie ne puis, sans mourir d'vn desespoir jaloux,
Voir dans les bras d'vn autre, ou D. Elvire, ou vous.
Voyant que vostre choix m'apprestoit ce martyre
Ie voulois m'y soustraire en suiuant D. Elvire,
Et languir auprés d'elle attendant que le Sort
Par vn semblable Hymen m'eust enuoyé la mort :
Depuis, l'occasion que vous mesme auez faite
M'a fait quitter le soin d'vne telle retraite,
Ce trouble à quelque temps amusé ma douleur,
I'ay creu par ces combats reculer mon malheur,
Le coup de vostre perte est deuenu moins rude
Lors que i'en ay veu l'heure en quelque incertitude,
Et que i'ay pû me faire vne si douce loy
Que ma mort vous donnast vn plus vaillant que moy :
Mais ie n'ay plus, Madame, aucun combat à faire,
Je voy pour vous D. Sanche vn espoux necessaire ;
Car ce n'est point l'amour qui fait l'Hymen des Rois,
Les raisons de l'Estat reglent tousiours leur choix,

Leur feuere grandeur iamais ne fe rauale,
Ayant deuant les yeux vn Prince qui l'égale ;
Et puifque le faint nœud qui le fait voftre efpoux
Arrefte comme fœur D. Elvire auec vous,
Que ie ne puis la voir fans voir ce qui me tuë,
Permettez que j'éuite vne fatale veuë,
Et que ie porte ailleurs les criminels foufpirs
D'vn refte malheureux de tant de déplaifirs.

D. ISABELLE.

Vous m'en dites affez pour meriter ma hayne,
Si ie laiffois agir les fentiments de Reyne.
Par vn trouble fecret ie les fens confondus,
Partez, ie le confents, & ne les troublez plus.
Mais non, pour fuïr D. Sanche, attendez qu'on le voye,
Ce bruit peut eftre faux & me rendre ma joye,
Que dis-je ? allez, Marquis, j'y confents de nouueau,
Mais auant que partir donnez-luy mon anneau,
Si ce n'eft toutefois vne faueur trop grande
Que pour tant de faueurs vne Reyne demande.

CARLOS.

Vous voulez que ie meure, & ie dois obeïr,
Deuft cette obeïffance à mon fort me trahir,

D'ARRAGON. 89

Ie receuray pour grace vn si iuste supplice,
S'il en rompt la menace & préuient la malice,
Et souffre que Carlos en donnant cet anneau
Emporte ce faux nom & sa gloire au tombeau.
C'est l'vnique bon-heur où ce coulpable aspire.

D. ISABELLE.

Que n'estes-vous D. Sanche? Ah, Ciel qu'osay-ie dire!
Adieu, ne croyez pas ce soupir indiscret.

CARLOS.

Il m'en a dit assez pour mourir sans regret.

FIN DV QVATRIESME ACTE.

D. SANCHE

ACTE V.

SCENE PREMIERE.
D. ALVAR, D. ELVIRE.
D. ALVAR.

ENFIN apres vn sort à mes vœux si con-
  traire,
Ie dois benir le Ciel qui vous renuoye vn (frere,
Puisque de nostre Reyne il doit estre l'es-
Cette heureuse vnion me laisse tout à vous. (poux,
Ie me vois affranchy d'vn honneur tyrannique,
D'vn joug que m'imposoit cette faueur publique,
D'vn choix qui me forçoit à vouloir estre Roy,
Ie n'ay plus de combat à faire contre moy,
Plus à craindre le prix d'vne triste victoire;
Et l'infidelité que vous faisoit ma gloire

D'ARRAGON.

Consent que mon amour de ses loix dégagé
Vous rende un inconstant qui n'a iamais changé.

D. ELVIRE.

Vous estes genereux, mais vostre impatience
Sur un bruit incertain prend trop de confiance,
Et cette prompte ardeur de rentrer dans mes fers
Me console trop tost d'un Trône que ie perds.
Ma perte n'est encor qu'une rumeur confuse
Qui du nom de Carlos malgré Carlos abuse,
Et vous ne sçauez pas, à vous en bien parler,
Par quelle offre, & quels vœux on m'en peut consoler.
Plus que vous ne pensez la Couronne m'est chere,
Ie perds plus qu'on ne croit, si Carlos est mon frere
Attendez les effets que produiront ces bruits,
Attendez que ie sçache au vray ce que ie suis,
Si le Ciel m'oste, ou laisse enfin le Diadéme,
S'il vous faut m'obtenir d'un frere, ou de moy-mesme,
Si par l'ordre d'autruy ie vous dois écouter,
Ou si i'ay seulement mon cœur à consulter.

D. ALVAR.

Ah! ce n'est qu'à ce cœur que le mien vous demande,
Madame, c'est luy seul que ie veux qui m'entende,

M ij

Et mon propre bonheur m'accableroit d'ennuy
Si ie n'estois à vous que par l'ordre d'autruy.
Pourrois-ie de ce frere implorer la puissance
Pour ne vous obtenir que par obeïssance,
Et par vn lasche abus de son authorité
M'esleuer en tyran sur vostre volonté?

D. ELVIRE.

Auec peu de raison vous craignez qu'il arriue,
Qu'il ait des sentimens que mon ame ne suiue:
Le digne sang des Rois n'a point d'yeux que leurs yeux,
Et leurs premiers Sujets obeïssent le mieux.
Mais vous estes estrange auec vos déferences
Dont les submissions cherchent des asseurances:
Vous ne craignez d'agir contre ce que ie veux
Que pour tirer de moy que j'accepte vos vœux,
Et vous obstineriez dans ce respect extréme
Iusques à me forcer à dire, ie vous ayme.
Ce mot est vn peu rude à prononcer pour nous,
Souffrez qu'à m'expliquer i'en trouue de plus doux,
Ie vous diray beaucoup sans pourtant vous rien dire.
Ie sçay depuis quel temps vous aymez, D. Elvire,
Ie sçay ce que ie dois, ie sçay ce que ie puis,
Mais encor vne fois sçachons ce que ie suis,

D'ARRAGON.

Et si vous n'aspirez qu'au bon-heur de me plaire,
Taschez d'approfondir ce dangereux mystere.
Carlos a tant de lieu de vous considerer,
Que s'il deuient mon Roy, vous pouuez esperer.

D. ALVAR.

Madame...

D. ELVIRE.

En ma faueur donnez-vous cette peine,
Et me laissez de grace entretenir la Reyne.

D. ALVAR.

I'obeïs auec ioye, & feray mon pouuoir
A vous dire bien-tost ce qui s'en peut sçauoir.

SCENE II.

D. LEONOR, D. ELVIRE.
D. LEONOR.

D. Alvar me fuit-il ?

D. ELVIRE.

Madame, à ma priere
Il va dans tous ces bruits chercher quelque lumiere.
I'ay craint en vous voyant un secours pour ses feux,
Et de defendre mal mon cœur contre vous deux.

D. LEONOR.

Ne pourra-t'il iamais gaigner voſtre courage ?

D. ELVIRE.

Il peut tout obtenir ayant voſtre suffrage.

D. LEONOR.

Ie luy puis donc enfin promettre voſtre foy ?

D'ARRAGON.

D. ELVIRE.
Oüy, si vous luy gaignez celuy du nouueau Roy.

D. LEONOR.
Et si ce bruit est faux ? si vous demeurez Reyne ?

D. ELVIRE.
Que vous puis-ie répondre en estant incertaine ?

D. LEONOR.
En cette incertitude on peut faire esperer.

D. ELVIRE.
On peut attendre aussi pour en deliberer,
On agit autrement quand le pouuoir supréme....

SCENE III.
D. ISABELLE, D. LEONOR, D. ELVIRE.
D. ISABELLE.

J'Interromps vos secrets, mais i'y prends part moy-mesme,
Et i'ay tant d'interest de cognoistre ce fils
Que i'ose demander ce qui s'en est appris.

D. LEONOR.

Vous ne m'en voyez point dauantage éclaircie.

D. ISABELLE.

Mais de qui tenez-vous la mort de D. Garcie,
Veu que depuis vn mois qu'il vient des Deputez
On parloit seulement de peuples reuoltez ?

D. LEONOR.

Ie vous puis sur ce point aysément satisfaire,
Leurs gens m'en ont donné la raison assez claire.

On

D'ARRAGON.

On aßiegeoit encor alors qu'ils sont partis
Dedans leur dernier Fort D. Garcie & son fils,
On l'a pris tost apres, & soudain par sa prise
D. Raymond prisonnier recouurant sa franchise,
Les voyant tous deux morts, publie à haute voix
Que nous auions un Roy du vray sang de nos Rois,
Que D. Sanche viuoit, & part en diligence
Pour rendre à l'Arragon le bien de sa presence:
Il joint nos Députez hier sur la fin du iour,
Et leur dit que ce Prince estoit en vostre Cour.

   C'est tout ce que i'ay pû tirer d'un Domestique;
Outre qu'auec ces gens rarement on s'explique,
Comme ils entendent mal, leur rapport est confus,
Mais bien-tost D. Raymond vous dira le surplus.
Que nous veut cependant Blanche toute estonnée?

SCENE IV.

D. ISABELLE, D. LEONOR,
D. ELVIRE, BLANCHE.

BLANCHE.

Ah, Madame!

D. ISABELLE.

Qu'as-tu?

BLANCHE.

La funeste journée!
Voſtre Carlos...

D. ISABELLE.

Et bien?

BLANCHE.

Son pere eſt en ces lieux,
Et n'eſt...

D. ISABELLE.
Quoy ?

BLANCHE.
Qu'vn Pescheur.

D. ISABELLE.
Qui te l'a dit ?

BLANCHE.
Mes yeux.

D. ISABELLE.
Tes yeux ?

BLANCHE.
Mes propres yeux.

D. ISABELLE.
Que i'ay peyne à les croire ?

D. LEONOR.
Voudriez-vous, Madame, en apprendre l'histoire ?

D. SANCHE
D. ELVIRE.
Que le Ciel est injuste!

D. ISABELLE.
Il l'est, & nous fait voir
Par cet injuste effet son absolu pouuoir,
Qui du sang le plus vil tire vne ame si belle,
Et forme vne vertu qui n'a lustre que d'elle.
Parle, Blanche, & dy-nous comme il voit ce malheur.

BLANCHE.
Auec beaucoup de honte & plus encor de cœur.
Du haut de l'escalier ie le voyois descendre.
En vain de ce faux bruit il se vouloit defendre:
Vostre Cour obstinée à luy changer de nom
Murmuroit tout autour, D. SANCHE D'ARRAGON,
Quand vn chetif vieillard le saisit & l'embrasse:
Luy qui le recognoit fremit de sa disgrace,
Puis laissant la Nature à ses pleins mouuements,
Répond auec tendresse à ses embrassements:
Ses pleurs meslent aux siens vn fierté syncere,
On n'entend que soupirs, Ah mon fils! ah mon pere!
O iour trois fois heureux! moment trop attendu!
Tu m'as rendu la vie; &, vous m'auez perdu.

Chose estrange, à ces cris de douleur & de ioye
Vn grand peuple amassé ne veut pas qu'on les croye,
Il s'aueugle soy-mesme, & ce pauure Pescheur
En despit de Carlos passe pour imposteur:
Dans les bras de ce fils on luy fait mille hontes,
C'est vn fourbe, vn meschant suborné par les Comtes.
Eux-mesmes (admirez leur generosité)
S'efforcent d'affermir cette incredulité:
Non qu'ils prennent sur eux de si lasches pratiques,
Mais ils en font autheur vn de leurs Domestiques,
Qui pensant bien leur plaire, a si mal à propos
Instruit ce malheureux pour affronter Carlos.
Auec auidité cette histoire est receuë,
Chacun la tient trop vraye aussi-tost qu'elle est sceuë,
Et pour plus de croyance à cette trahison,
Les Comtes font traisner ce bon-homme en prison.
Carlos rend témoignage en vain contre soy-mesme,
Les veritez qu'il dit cedent au stratagéme,
Et dans le deshonneur qui l'accable aujourd'huy
Ses plus grands enuieux l'en sauuent malgré luy,
Il tempeste, il menace, & boüillant de colere
Il crie à pleine voix qu'on luy rende son pere;
On tremble deuant luy sans croire son couroux,
Et rien...Mais le voicy qui s'en vient plaindre à vous.

SCENE V.

D. ISABELLE, D. LEONOR, D. ELVIRE, BLANCHE, CARLOS, D. MANRIQUE, D. LOPE.

CARLOS.

ET bien, Madame, enfin on cognoit ma naiſſance,
Voilà le digne fruit de mon obeïſſance,
I'ay préueu ce malheur, & l'aurois éuité,
Si vos commandements ne m'euſſent arreſté.
Ils m'ont liuré, Madame, à ce moment funeſte,
Et l'on m'arrache encor le ſeul bien qui me reſte!
On me vole mon pere, on le fait criminel!
On attache à ſon nom vn opprobre éternel!
Ie ſuis fils d'vn Peſcheur, mais non pas d'vn infame,
La baſſeſſe du ſang ne va point iuſqu'à l'ame,
Et ie renonce aux noms de Comte & de Marquis
Auec bien plus d'honneur qu'aux ſentimens de fils,

D'ARRAGON.

Rien n'en peut effacer le sacré caractere,
De grace commandez qu'on me rende mon pere,
Ce doit leur estre assez de sçauoir qui ie suis,
Sans m'accabler encor par de nouueaux ennuis.

D. MANRIQVE.

Forcez ce grand courage à conseruer sa gloire,
Madame, & l'empeschez luy-mesme de se croire.
Nous n'auons pû souffrir qu'vn bras qui tant de fois
A fait trembler le Maure & ployer sous nos Rois,
Receust de sa naissance vne tache eternelle,
Tant de valeur merite vne source plus belle.
Aydez ainsi que nous ce peuple à s'abuser,
Il ayme son erreur, daignez l'authoriser,
A tant de beaux exploits rendez cette iustice,
Et de nostre pitié soustenez l'artifice.

CARLOS.

Ie suis bien malheureux, si ie vous fais pitié.
Reprenez vostre orgueil, & vostre inimitié:
Apres que ma fortune a saoulé vostre enuie
Vous plaignez ayfément mon entrée à la vie,
Et me croyant par elle à iamais abbatu
Vous exercez sans peine vne haute vertu.

Peut-estre elle ne fait qu'vne embusche à la mienne,
La gloire de mon nom vaut bien qu'on la retienne,
Mais son plus bel éclat seroit trop achepté
Si ie le retenois par vne lascheté.
Si ma naissance est basse, elle est du moins sans tache,
Puisque vous la sçauez, ie veux bien qu'on la sçache.
 Sanche fils d'vn Pescheur, & non d'vn imposteur,
De deux Comtes jadis fut le liberateur:
Sanche fils d'vn Pescheur mettoit n'aguere en peine
Deux illustres riuaux sur le choix de leur Reyne:
Sanche fils d'vn Pescheur tient encor en sa main
Dequoy faire bien-tost tout l'heur d'vn Souuerain:
Sanche enfin malgré luy dedans cette Prouince,
Quoy que fils d'vn Pescheur, a passé pour vn Prince
 Voila ce qu'a pû faire, & qu'a fait à vos yeux
Vn cœur que raualoit le nom de ses ayeux.
La gloire qui m'en reste apres cette disgrace
Esclate encor assez pour honorer ma race,
Et paroistra plus grande à qui comprendra bien
Qu'à l'exemple du Ciel i'ay fait beaucoup de rien.

D. LOPE.

Cette noble fierté desauoüe vn tel pere,
Et par vn témoignage à soy-mesme contraire
         Obscurcit

Obscurcit de nouueau ce qu'on voit éclaircy.
Non, le fils d'vn Pescheur ne parle point ainsi,
Et son ame paroist si dignement formée,
Que i'en croy plus que luy l'erreur que i'ay semée.
Ie le soustiens, Carlos, vous n'estes point son fils,
La iustice du Ciel ne peut l'auoir permis,
Les tendresses du sang vous font vne imposture,
Et ie déments pour vous la voix de la Nature.
 Ne vous repentez point de tant de dignitez
Dont il vous pleut orner ses rares qualitez,
Iamais plus digne main ne fit plus digne ouurage,
Madame, il les releue auec ce grand courage,
Et vous ne leur poüuiez trouuer plus haut appuy,
Puisque mesme le Sort est au dessous de luy.

D. ISABELLE.

La generosité qu'en tous les trois i'admire
Me met en vn estat de n'auoir que leur dire,
Et dans la nouueauté de ces euenemens
Par vn illustre effort préuient mes sentimens.
 Ils paroistront en vain, Comtes, s'ils vous excitent
A luy rendre l'honneur que ses hauts faits meritent,
Et ne dédaigner pas l'illustre & rare objet
D'vne haute valeur, qu'affronte vn sang abjet ;
       O

Vous courez au deuant auec tant de franchise
Qu'autant que du Pescheur ie m'en trouue surprise.
 Et vous que par mon ordre icy i'ay retenu,
Sanche, puisqu'à ce nom vous estes recognu,
Miraculeux Heros, dont la gloire refuse
L'auantageuse erreur d'vn Peuple qui s'abuse,
Parmy les déplaisirs que vous en receuez,
Puis-ie vous consoler d'vn sort que vous brauez ?
Puis-ie vous demander ce que ie vous voy faire ?
Ie vous tiens malheureux d'estre né d'vn tel pere,
Mais ie vous tiens ensemble heureux au dernier point
D'estre né d'vn tel pere & de n'en rougir point,
Et de ce qu'vn grand cœur mis dans l'autre balance
Emporte encor si haut vne telle naissance.

SCENE VI.

D. ISABELLE, D. LEONOR, D. ELVIRE, CARLOS, D. MANRIQVE, D. LOPE, D. ALVAR, BLANCHE.

D. ALVAR.

PRinceſſes, admirez l'orgueil d'vn priſonnier
Qu'en faueur de ſon fils on veut calomnier.
Ce malheureux Peſcheur par promeſſe, ny crainte,
Ne ſçauroit ſe reſoudre à ſouffrir vne feinte:
I'ay voulu luy parler, & n'en fais que ſortir.
I'ay taſché, mais en vain, de luy faire ſentir
Combien mal à propos ſa preſence importune
D'vn fils ſi genereux renuerſe la fortune,
Et qu'il le perd d'honneur à moins que d'aduoüer
Que c'eſt vn laſche tour qu'on le force à joüer:
I'ay meſme à ces raiſons adjouſté la menace,
Rien ne peut l'ébranler, Sanche eſt touſiours ſa race.

O ij

D. SANCHE

Et quand à ce qu'il perd de fortune & d'honneur,
Il dit qu'il a dequoy le faire grand Seigneur,
Et que plus de cent fois il a sceu de sa femme
(Voyez qu'il est credule & simple au fonds de l'ame)
Que voyant ce present qu'en mes mains il a mis,
La Reyne d'Arragon aggrandiroit son fils.

D. Leonor. *Si vous le receuez auec autant de ioye,*
Madame, que par moy ce vieillard vous l'enuoye,
Vous donnerez sans doute à cet illustre fils
Vn rang encor plus haut que celuy de Marquis :
Ce bon-homme en paroist l'ame toute comblée.

D. Alvar presente à D. Leonor vn petit escrin qui
s'ouure sans clef au moyen d'vn ressort secret.

D. ISABELLE.

Madame, à cet aspect vous paroissez troublée!

D. LEONOR.

I'ay bien sujet de l'estre en receuant ce don,
Madame, j'en sçauray si mon fils vit, ou non,
Et c'est où le feu Roy déguisant sa naissance
D'vn sort si precieux mit la recognoissance.
Disons ce qu'il enferme auant que de l'ouurir.
Ah, Sanche, si par là ie le puis découurir,

D'ARRAGON.

Vous pouuez estre seur que vous, & vostre pere,
Aurez dans l'Arragon vne puissance entiere,
Et qu'apres ce tresor que vous m'aurez rendu
Il n'est aucun espoir qui vous soit deffendu.
Mais à ce doux transport c'est desia trop permettre,
Trouuons nostre bon-heur auant que d'en promettre.
 Ce present donc enferme vn tissu de cheueux
Que receut D. Fernand pour arres de mes vœux,
Son portrait & le mien, deux pierres les plus rares
Que forme le Soleil sous les climats barbares,
Et pour vn témoignage encore plus certain
Vn billet que luy-mesme écriuit de sa main.

Vn GARDE.

Madame, D. Raymond vous demande audience.

D. LEONOR.

Qu'il entre. Pardonnez à mon impatience,
Si l'ardeur de le voir & de l'entretenir
Auant vostre congé l'ose faire venir.

D. ISABELLE.

Vous pouuez commander dans toute la Castille,
Et ie ne vous voy plus qu'auec des yeux de fille.

SCENE VII.

D. ISABELLE, D. LEONOR,
D. ELVIRE, CARLOS,
D. MANRIQVE, D. LOPE,
D. ALVAR, BLANCHE,
D. RAYMOND

D. LEONOR.

Laissez-là, D. Raymond, la mort de nos Tyrans,
Et rendez seulement D. Sanche à ses parents.
Vit-il, peut-il brauer nos fieres destinées ?

D. RAYMOND.

Sortant d'vne prison de plus de six années,
Ie l'ay cherché, Madame, où pour les mieux brauer
Par l'ordre du feu Roy ie le fis esleuer,
Auec tant de secret, que mesme vn second pere
Qui l'estime son fils, ignore ce mystere.

D'ARRAGON.

Ainsi qu'en vostre Cour, Sanche y fut son vray nom,
Et l'on n'en retrancha que cet illustre Don.
Là i'ay sçeu qu'à seize ans son genereux courage
S'indigna des emplois de ce faux parentage,
Qu'impatient desia d'estre si mal tombé,
A sa fausse bassesse il s'estoit dérobé,
Que déguisant son nom & cachant sa famille,
Il auoit fait merueille aux guerres de Castille,
D'où quelque sien voisin depuis peu de retour,
L'auoit veu plein de gloire & fort bien dans la Cour,
Que du bruit de son nom elle estoit toute pleine,
Qu'il estoit cognu mesme & chery de la Reyne,
Si bien que ce Pescheur d'aise tout transporté,
Auoit couru chercher ce fils si fort vanté.

D. LEONOR.

D. Raymond, si vos yeux pouuoient le recognoistre?

D. RAYMOND.

Ouy, ie le voy, Madame. Ah Seigneur, ah mon maistre.

D. LOPE.

Nous l'auions bien iugé, grand Prince, rendez-vous,
La verité paroist, cedez aux vœux de tous.

D. SANCHE

D. LEONOR.

D. Sanche, voulez-vous estre seul incredule ?

CARLOS.

Ie crains encor du Sort vn reuers ridicule.
Mais, Madame, voyez si le billet du Roy
Accorde à D. Raymond ce qu'il vous dit de moy.

D. LEONOR *ouure l'escrin, & en tire*
vn billet qu'elle lit.

Pour tromper vn Tyran, ie vous trôpe vous mesme,
Vous reuerrez ce fils que ie vous fais pleurer,
Cette erreur luy peut rendre vn iour le Diadéme,
Et ie vous l'ay caché pour le mieux asseurer.

Si ma feinte vers vous passe pour criminelle,
Pardonnez-moy les maux qu'elle vous fait souffrir,
De crainte que les soins de l'amour maternelle
Par leurs empressements le fissent découurir.

Nugne, vn pauure Pescheur s'en croit estre le pere,
Sa femme en son absence accouchant d'vn fils mort
Elle reçeut le vostre, & sçeut si bien se taire,
Que le pere & le fils en ignorent le sort.

Elle

D'ARRAGON.

Elle mesme l'ignore, & d'vn si grand eschange
Elle sçait seulement qu'il n'est pas de son sang,
Et croit que ce present par vn miracle estrange
Doit vn iour par vos mains luy rendre son vray rang.

A ces marques vn iour daignez le recognoistre,
Et puisse l'Arragon retournant sous vos loix
Apprenne ainsi que vous de moy qui l'ay veu naistre,
Que Sanche, fils de Nugne, est le sang de ses Rois.

D. FERNAND D'ARRAGON.

D. LEONOR apres auoir leu.

Ah, mon fils, s'il en faut encore dauantage,
Croyez-en vos vertus & vostre grand courage.

CARLOS recognu pour D. Sanche,
à D. Leonor.

Ce seroit mal répondre à ce rare bonheur
Que vouloir me defendre encor d'vn tel honneur.
Ie reprens toutefois Nugne pour mon vray pere   à D. Isabel
Si vous ne m'ordonnez, Madame, que j'espere.

D. ISABELLE.

C'est trop peu d'esperer, quand tout vous est acquis.
Ie vous auois fait tort en vous faisant Marquis,

P.

Et vous n'aurez pas lieu desormais de vous plaindre
De ce retardement où i'ay sçeu vous contraindre :
Et pour moy, que le Ciel destinoit pour vn Roy
Digne de la Castille & digne encor de moy,
I'auois mis cette bague en des mains assez bonnes
Pour la rendre à D. Sanche, & joindre nos Couronnes.

CARLOS.

Ie ne m'estonne plus de l'orgueil de mes vœux,
Qui sans le partager donnoient mon cœur à deux :
Dans les obscuritez d'vne telle auanture
L'Amour se confondoit auecque la Nature.

D. ELVIRE.

Le nostre y répondoit sans faire honte au rang,
Et le mien vous payoit ce que deuoit le sang.

CARLOS à D. Elvire.

Si vous m'aymez encor & m'honorez en frere,
Vn espoux de ma main pourroit-il vous déplaire ?

D. ELVIRE.

Si D. Alvar de Lune est cet illustre espoux,
Il vaut bien à mes yeux tout ce qui n'est point vous.

D'ARRAGON.

CARLOS à D. Elvire.

Il honoroit en moy la vertu toute nuë.
Et vous qui dédaigniez ma naiſſance incognuë,   *à D. Manrique & D. Lope.*
Comtes, & les premiers en cet euenement
Iugiez en ma faueur ſi veritablement,
Voſtre dédain fut iuſte autant que ſon eſtime,
C'eſt la meſme vertu ſous vne autre maxime.

D. RAYMOND à D. Iſabelle.

Souffrez qu'à l'Arragon il daigne ſe monſtrer,
Nos Deputez, Madame, impatiens d'entrer....

D. ISABELLE.

Il vaut mieux leur donner audience publique,
Afin qu'aux yeux de tous ce miracle s'explique.
Allons, & cependant qu'on mette en liberté
Celuy par qui tant d'heur nous vient d'eſtre apporté,
Et qu'on l'améne icy plus heureux qu'il ne penſe
Receuoir de ſes ſoins la digne recompenſe.

FIN.

PRIVILEGE DV ROY.

LOVIS par la grace de Dieu Roy de France & de Nauarre : A nos amez & feaux Conseillers les Gens tenans nos Cours de Parlement, Maistres des Requestes ordinaires de nostre Hostel, Bailliffs, Seneschaux, Preuosts, leurs Lieutenans, & à tous autres nos Iusticiers & Officiers qu'il appartiendra, Salut, Nostre cher & bien-amé le Sieur CORNEILLE, Nous a fait remonstrer qu'il a composé deux pieces de Theatre, l'vne intitulée *Andromede*, & l'autre *D. Sanche d'Arragon*, lesquelles il est sollicité de faire imprimer pour les donner au public ; & d'autant que cela ne se peut sans grands frais, il nous a supplié de luy accorder nos Lettres sur ce necessaires. A CES CAVSES, Nous auons permis & permettons par ces presentes à l'Exposant, de faire imprimer, vendre & debiter en tous les lieux de nostre obeïssance, par tel Imprimeur qu'il voudra choisir, lesdites deux pieces d'Andromede & de D. Sanche d'Arragon, auec figures ou sans figures, conjointement ou separément, en telles marges, en tels caracteres, & autant de fois que bon luy semblera, durant l'espace de dix ans entiers & accomplis, à compter du jour que chacune sera acheuée d'imprimer pour la premiere fois. Et faisons tres expresses defences à toutes personnes de quelque qualité & condition qu'elles soient, d'imprimer, vendre ny debiter ny l'vne ny l'autre sans le consentement de l'Exposant, ou de ceux qui auront son droit, sous pretexte d'augmentation, correction, changement de tiltres, fausses marques, ou autrement en quelque sorte & maniere que ce soit, à peine de Quinze cens liures d'amende, appliquables vn tiers à Nous, vn tiers aux Hostels-Dieu des lieux où se feront les saisies, & l'autre tiers à l'Exposant, ou au Libraire dont il se fera seruy ; de confiscation des exemplaires contrefaits, & de tous dépens, dommages & interests : A condition qu'il sera mis deux des Exemplaires qui seront imprimez en vertu des presentes, en nostre Bibliotheque publique, & vn en celle du sieur de Chasteauneuf Chancelier, Garde des Seaux de France, auant que de les exposer en vente, à peine de nullité des presentes. Du contenu desquelles nous voulons & vous mandons que vous faciez jouïr pleinement, paisiblement & perpetuellement l'Exposant, & ceux qui auront droict de luy, sans souffrir qu'il leur soit fait ny donné aucun empeschement. Voulons aussi qu'en mettant au commencement ou à la fin de chacune desdites Pieces vn Extrait des presentes, elles soyent tenuës pour deuëment signifiées, & que foy y soit adjoustée, & aux coppies collationnées par l'vn de nos amez & feaux Conseillers & Secretaires, comme à l'Original: Mandons au premier nostre Huissier ou Sergent sur ce requis, de faire pour l'execution des presentes tous exploits necessaires, sans demander autre permission : CAR tel est nostre plaisir. DONNÉ à Paris le onziéme jour d'Auril l'an de grace mil six cens cinquante: Et de nostre Regne le septiesme. Par le Roy en son Conseil, signé CONRART. Et scellé sur simple queuë du grand sceau de cire jaulne.

Les Exemplaires ont esté fournis.

Acheué d'imprimer à Roüen par Laurens Maurry,
le quatorziéme de May mil six cens cinquante.

www.ingramcontent.com/pod-product-compliance
Lightning Source LLC
Chambersburg PA
CBHW060202100426

42744CB00007B/1133